Dn 26,80

346774

Lore Kleikamp (Lieder: Detlev Jöcker)

ES GEHT MIR GUT!

Neue Texte, Spiele, Übungen und Lieder für die
ganzheitliche Förderung von Kindern

Illustrationen: Susanne Krauß

 Menschenkinder

Die 14 Lieder dieses Buches gibt es auch auf der
CD / MusiCassette „Es geht mir gut!",
erhältlich im Buch- und Fachhandel oder beim
Menschenkinder Verlag,
An der Kleimannbrücke 97, 48157 Münster.

1. Auflage 1998
Menschenkinder Verlag, 48157 Münster
Alle Rechte vorbehalten. Nachdruck - auch auszugsweise -
nur mit Genehmigung des Verlages.
Druck: Westermann Druck Zwickau GmbH
Redaktion: Jutta Nymphius, Hamburg
Satz und Layout: Pixel's Corner, Münster

Printed in Germany 1998

Die Deutsche Bibliothek - CIP-Einheitsaufnahme

Kleikamp, Lore:
Es geht mir gut! : neue Texte, Spiele, Übungen und
Lieder für die ganzheitliche Förderung von
Kindern / Lore Kleikamp/Detlev Jöcker.
Ill.: Susanne Krauß. - Münster : Menschenkinder, 1998
CD-Ausg. u.d.T.: Es geht mir gut!
ISBN 3-89516-075-X

Inhaltsverzeichnis

Wie im „Sauseschritt" geht es auch hier wieder um Lern-, Spiel- und Spaßlieder, um Spiele, Reime und Geschichten, um alles, was Kindern Freude macht. Darüber hinaus sind die Spiele und Übungen unter verschiedenen Aspekten zusammengestellt, die die ganzheitliche Entwicklung des Kindes fördern:

1. Bewegung

Ein Kind braucht Bewegung wie der Fisch das Wasser, nicht nur für seine körperliche, sondern auch für seine geistig-seelische Gesundheit. Bewegung kann wie ein Blitzableiter für alle Frustrationen wirken; sie baut Stress und Spannung ab, vor allem, wenn sie mit Musik verbunden ist; sie macht das Gehirn aufnahmefähiger, weil ein enger Zusammenhang zwischen Bewegung, Wahrnehmen und Denken besteht.

Bewegungsspielen im Kreis oder mit einem Partner kommt darüber hinaus noch einen besonderer sozialer Wert zu. In diesem Zusammenhang sind auch isometrische Übungen zu nennen, bei denen man mit aller Kraft gegen einen unverrückbaren Gegenstand oder auch einen Körperteil gegen einen anderen drückt. Wenige Minuten genügen, damit, bei regelmäßiger Anwendung, die eingesetzten Muskeln gut durchblutet und gekräftigt werden. Solche Übungen ersetzen zwar nicht die normale Bewegung, vor allem nicht die an der frischen Luft. Sie sind jedoch durchaus eine Alternative, wenn zum Beispiel auf Grund beengter räumlicher Verhältnisse oder bei längerer Bettlägerigkeit die Möglichkeit zu anderweitiger Betätigung fehlt.

2. Lernen und Konzentration

Neue Erkenntnisse zeigen, wie das allgemeine Lernvermögen durch Entspannung, bildhaftes Vorstellen, motivierende Selbstansprachen (Affirmationen) und anderes mehr verbessert werden kann. Von großer Bedeutung für das Lernen ist auch das Zusammenspiel der beiden Gehirnhälften, das in der Edu-Kinestetik berücksichtigt und gefördert wird, beispielsweise durch Überkreuzbewegungen.

3. Selbstwahrnehmung und Körperkontakt

Für eine gesunde Entwicklung ist es wichtig, dass das Kind lernt, seinen Körper und seine Gefühle bewusst wahrzunehmen. Denn nur über die Selbstwahrnehmung können sich Selbstannahme, Selbstwertgefühl und Selbstvertrauen entwickeln. Auf diesem langen, schwierigen Weg braucht es verständnisvolle Begleitung, die sich unter anderem in liebevoller Zuwendung und zärtlichen Berührungen zeigt.

4. Ruhe und Entspannung

Über den Wert der Entspannung gibt es wohl inzwischen kaum mehr einen Zweifel, denn sie
- verbessert das Lernvermögen und fördert die Konzentration (siehe auch Punkt 2)
- erhöht die Belastbarkeit

- reduziert Hyperaktivität und macht ausgeglichener
- vermindert Aggressionen
- fördert die Fähigkeit, sich selbst und die Umwelt wahrzunehmen
- stärkt allgemein die psychische Stabilität.

5. Frische Energie

Kinder brauchen im wahrsten Sinne des Wortes Atempausen und Möglichkeiten, verbrauchte Energien wieder aufzuladen. Dazu eignen sich kurze Spiele und Übungen, die bei geringem Aufwand spürbare Wirkung zeigen.

6. Phantasie und bildhaftes Vorstellen (Visualisieren)

Dank der Psychologie ist inzwischen bekannt, welche Kraft das bildhafte Vorstellen, das Visualisieren, hat. Wendet man es an, so lassen sich Ziele besser ausmachen und erreichen; Probleme werden oft leichter erkannt und gelöst. Bei Krankheiten kann das Visualisieren enorme Selbstheilungskräfte freisetzen. Kinder haben dank ihrer lebhaften Phantasie einen besonders guten Zugang zu dieser wertvollen Hilfe. Um diese Fähigkeit zu erhalten, muss sie aber gepflegt und geschult werden.

7. Spiel und Spaß

Das Spiel besitzt eine große Bedeutung für das Kind und seine Entwicklung. Es ermöglicht ihm, wichtige Erfahrungen mit sich und anderen zu machen und ggf. Probleme und Konflikte umzusetzen und zu bewältigen. Weiterhin fördert es die Sinnes- und Körperwahrnehmung.

Das **Register** im hinteren Teil dieses Buches dient dazu, zielgerichtet Lieder, Texte und Übungen aus diesen Themenbereichen aufzufinden und auszuwählen. Weitere diesbezügliche Anmerkungen und Tipps finden sich außerdem an Ort und Stelle bei den entsprechenden Übungen.

Manches schließlich ist nur als Ansatz zu verstehen. Die hinten im Buch aufgeführte Literatur gibt Hinweise für alle, die sich intensiver mit einem Thema beschäftigen wollen.

Ein bekanntes Sprichwort lautet:

„Wenn Kinder klein sind, gib ihnen Wurzeln. Wenn sie größer werden, gib ihnen Flügel."

Es wäre schön, wenn dieses Buch helfen würde, im Miteinander die Wurzeln zu festigen, und dazu beitrüge, den Kindern langsam Flügel wachsen zu lassen.

Ihre Lore Kleikamp

Ich schüttle meine Arme und wackle mit dem Bauch

Sitz-Boogie

Ich strecke meinen rechten Arm
und den linken auch.
Strecke sie nun alle beide.
Dann wackle ich mit dem Bauch.
Und nun fahr ich mit dem Fahrrad
sehr vergnügt und frisch und munter,
alle Berge hoch hinauf
und auch wieder runter.

Ich schüttle meinen rechten Arm
und den linken auch.
Schüttle sie nun alle beide.
Dann wackle ich mit dem Bauch.
Und nun fahr ich mit dem Fahrrad
sehr vergnügt und frisch und munter,
alle Berge hoch hinauf
und auch wieder runter.

Ich kreise meinen rechten Arm ...
Ich rolle meine rechte Schulter ...
Ich strecke nun mein rechtes Bein ...
Ich kreise meinen rechten Fuß ...

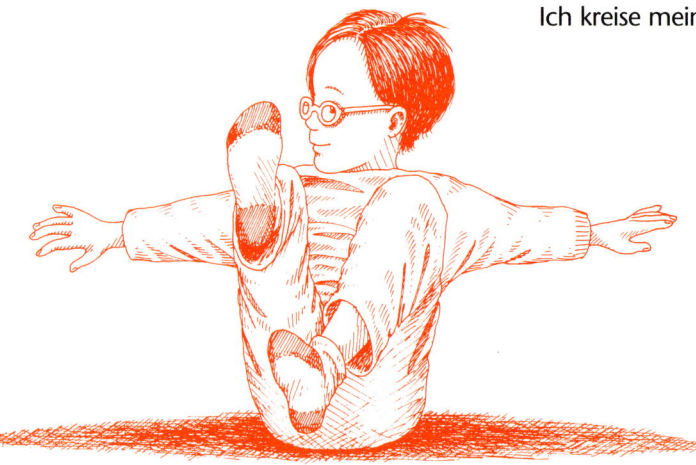

So wird gespielt:

Die Kinder sitzen auf Stühlen oder auf dem Boden und machen die angegebenen Bewegungen. Bei „Und nun fahr ich ....", bewegen sie die Beine in der Luft, als ob sie mit dem Fahrrad die Berge hinauf- und hinunterführen. Dabei stützen sie sich ab oder geben sich alle die Hände. Die Strophen sollten möglichst schnell aufeinander folgen, damit die Bewegung nicht abreißt.

Arme und Beine lockern und spannen sich im Wechsel. Besonders werden aber die Bauchmuskeln trainiert. Die Kinder müssen Kraft und Geschicklichkeit aufbringen, um beim Radfahren den Körper ausbalancieren zu können. Fassen sie sich im Kreis an, merken sie, dass sie sich gegenseitig helfen und stützen. Manches Kind wird sich auf diese Weise intensiver und ausdauernder bewegen können, als wenn es die Übung allein durchführt.

Körperteile

Mit dem Kopf kann ich nicken.
Meinen Hals kann ich drehen.
Mit den Händen kann ich klatschen.
Auf den Füßen kann ich stehen.

Meine Arme kann ich schwenken.
Mit den Beinen kann ich flitzen.
Und dann habe ich noch etwas ...
darauf kann ich sitzen!

So wird ein Spiel daraus:

Ein Kind zeigt auf einen Körperteil und benennt ihn wahlweise richtig oder falsch. Ist der Name richtig, recken alle Kinder die Arme ganz hoch. Ist er aber falsch, weil das Kind zum Beispiel auf den Kopf gezeigt, aber gesagt hat: „Das ist mein Fuß", werden die Hände hinter dem Rücken versteckt.

Oder: Ein Kind sagt, was es mit einem Körperteil machen kann, beispielsweise wie oben: „Mit dem Kopf kann ich nicken." Der Satz ist richtig und die Hände gehen hoch. Es kann aber auch sagen: „Mit dem Kopf kann ich klatschen." Und schon verschwinden die Hände hinter dem Rücken.

Dieses Spiel macht Spaß, verschafft ein wenig Bewegung und fördert die Konzentration.

10

Wenn ich fröhlich bin

Text: Lore Kleikamp / Musik: Detlev Jöcker

1. Wenn ich fröh-lich bin, dann kann ich nicht mehr stil-le stehn. Wenn ich fröh-lich bin, kann ich nicht stil-le stehn. Ich **sin-ge,** sprin-ge, tan-ze dann, steck and-re mit der Freu-de an und fin-de al-les schön. Wenn ich fröh-lich bin, kann ich nicht stil-le stehn.

2. Wenn ich wütend bin,
dann seid bloß vor mir auf der Hut.
Wenn ich wütend bin,
seid bloß vor mir auf der Hut.
Ich **schimpfe**, schaue grimmig drein,
stampf mit dem Fuß
und kann auch schrein.
Doch bald ist es wieder gut.

3. Wenn ich traurig bin,
dann fühle ich mich schwach und klein.
Wenn ich traurig bin,
fühl ich mich schwach und klein.
Ich **schluchze**, weine vor mich hin,
weil ich so furchtbar traurig bin,

und fühle mich so allein.
Wenn ich traurig bin,
fühl ich mich schwach und klein.

4. Wenn ich fröhlich bin,... (wie 1. Strophe)

So wird gespielt:

Zu den fettgedruckten Tätigkeiten denken sich die Kinder passende Bewegungen und Geräusche aus.

In diesem Lied drückt das Kind verschiedene Stimmungslagen aus und wird sich ihrer deutlicher bewusst. Das macht empfindsamer für eigenes Verhalten und das der anderen.

Der Klebetanz

Zauberspruch:
    Schrippel schrappel huckedanz!
    Tanzt den Arme-Kleber-Tanz!

Tanzspiel:
    Wir kleben, wir kleben,
    schrippel schrappel huckedanz,
    an den Armen fest.
    Und tanzen und tanzen,
    bis dass der
    Zauberer Schrappelschrut
    uns voneinander lässt.

(Den Text auf einem Ton rhythmisch sprechen.)

Das Tanzspiel wird nach einer freien, einfachen Melodie gesungen, die man am besten vorher mit den Kindern einübt.

Dieses Paarspiel verlangt von den Kindern Einfühlungsvermögen und Kooperationsbereitschaft. Es gelingt nur, wenn jedes sich zurücknimmt und seine eigenen Bewegungen denen des Partners anpasst.

So wird gespielt:

Es spielen jeweils zwei Kinder zusammen.

Der Zauberer sagt den Zauberspruch, der die Stelle am Körper angibt (Arm, Hand, Stirn, Po, Bauch, Ohr ....), mit der die Kinder aneinander festkleben sollen. Während diese tanzen, spielt der Zauberer auf einem Schlaginstrument. Mit einem kräftigen Schlag - das kann auch mitten in der Strophe sein - löst er die Kinder voneinander. Sie schütteln sich, um den Körper wieder zu lockern.

Dann sagt der Zauberer den nächsten Zauberspruch auf und alles fängt von vorn an.

Konradus Knipperdottel

Text: Lore Kleikamp / Musik: Detlev Jöcker

Kon - ra - dus Knip - per - dot - tel, ja, so heißt der Ham - pel - mann. Wir wol - len ein - mal se - hen, was er al - les kann. 1. Er nickt mit dem Kopf. (2. Er) Ja, ja, ja, der Ham - pel - mann ist da!

Refrain: Konradus Knipperdottel …

2. Er nickt mit dem Kopf.
   Er schüttelt seine Schultern.
Refrain: Konradus Knipperdottel …

3. Er nickt mit dem Kopf.
   Er schüttelt seine Schultern.
   Er winkt mit der Hand.
Refrain: Konradus Knipperdottel …

4. Er nickt mit dem Kopf.
   Er schüttelt seine Schultern.
   Er winkt mit der Hand.
   Er wackelt mit dem Po.
Refrain: Konradus Knipperdottel …

5. Er nickt mit dem Kopf.
   Er schüttelt seine Schultern.

Er winkt mit der Hand.
Er wackelt mit dem Po.
Er strampelt mit den Beinen.
Refrain: Konradus Knipperdottel …

6. Er nickt mit dem Kopf.
   Er schüttelt seine Schultern.
   Er winkt mit der Hand.
   Er wackelt mit dem Po.
   Er strampelt mit den Beinen.
   Er dreht sich herum.
Refrain: Konradus Knipperdottel …

7. Er nickt mit dem Kopf.
   Er schüttelt seine Schultern.
   Er winkt mit der Hand.
   Er wackelt mit dem Po.
   Er strampelt mit den Beinen.
   Er dreht sich herum.
   Er fällt langsam um.

So wird gespielt:

Die Kinder bilden einen Kreis und nehmen den Hampelmann in ihre Mitte. Dieser hüpft und springt, während die Kinder den ersten Vers singen, dabei um ihn herumgehen und am Ende des Verses stehenbleiben. Der Hampelmann macht dann die folgenden Bewegungen vor, die die Kinder anschließend nachmachen. Nach Absprache lassen sich noch mehr Bewegungen einfügen oder es wird eine ganz neue Bewegungsabfolge gewählt.

Als Hilfe kann man den Kindern deutlich machen, dass die Bewegungen von oben nach unten verlaufen, Kopf, Schulter, Hand ...
Dieses Kreisspiel lockert den ganzen Körper. Es schult das Gedächtnis und fördert die Konzentration.

15

Die Piraten

Es schleichen die Piraten
im großen Kreis herum.
Dann duckeln sie und dackeln
und wuckeln und wackeln.
Auf einmal macht es: Plock!
Alle stehen wie ein Stock.
Jeder macht ein bös Gesicht
und lacht auch nicht.
Wird es uns denn wohl gelingen,
sie schließlich doch,
sie schließlich doch,
zum Lachen zu bringen?

Die Piraten können auch stampfen,
hüpfen, humpeln, ...

So wird gespielt:

Die Kinder bilden einen Innen- und einen Außenkreis, die sich in entgegengesetzter Richtung bewegen. Im Innenkreis sind die Sänger, im Außenkreis die Piraten. Was duckeln, dackeln, wuckeln und wackeln ist, können sich die Kinder selbst ausdenken. Bei „Wird es uns denn ....“ geht jedes Kind des Innenkreises mit Verrenkungen, komischen Bewegungen, Grimassenschneiden und wildem Augenrollen auf einen Piraten zu und versucht ihn zum Lachen zu bringen, ohne ihn jedoch zu berühren.

Gelingt das, so tauschen die beiden Kinder die Plätze und das Spiel geht, eventuell in einer anderen Gangart, weiter.

Die Kinder können sich in diesem Kreisspiel auf ungewöhnliche Weise bewegen. Allein das macht schon Spaß. Das plötzliche Erstarren des Körpers und das „böse“ Gesicht läßt sie ihren Körper bewußter wahrnehmen. Grimassenschneiden und Augenrollen sorgen für eine Lockerung der Gesichtsmuskeln und für eine bessere Durchblutung des Kopfes.

Der Tisch ist heute meine Trommel

Text: Lore Kleikamp / Musik: Detlev Jöcker

Strophe

1. Der Tisch ist heu - te mei - ne Trom - mel. Mit den

Fin - ger - knö - cheln spie - le ich dar - auf (6. Mit den)

Refrain

Bumm bumm bom - mel! Wie auf ei - ner Trom - mel.

Bumm bumm bom - mel! Wie auf ei - ner Trom - mel!

2. Der Tisch ist heute meine Trommel.
   Mit den flachen Händen spiele ich darauf.
   Refrain: Bumm bumm bommel! ...

3. Der Tisch ist heute meine Trommel.
   Mit geballten Fäusten spiele ich darauf.
   Refrain: Bumm bumm bommel! ...

4. Der Tisch ist heute meine Trommel.
   Mit den Ellenbogen spiele ich darauf.
   Refrain: Bumm bumm bommel! ...

5. Der Tisch ist heute meine Trommel.
   Auch mit meinem Po,
   spiele ich darauf.
   Refrain: Bumm bumm bommel! ...

6. Der Tisch ist heute meine Trommel.
   Mit den Fingerknöcheln
   spiele ich darauf.
   Mit den flachen Händen
   spiele ich darauf.
   Mit geballten Fäusten
   spiele ich darauf.
   Mit den Ellenbogen
   spiele ich darauf.
   Auch mit meinem Po,
   spiele ich darauf.
   Refrain: Bumm bumm bommel! ...

So wird gespielt:

Die Kinder sitzen um einen Tisch herum und machen die angegebenen Bewegungen entsprechend mit. Das letzte Bumm bumm .... wird zunächst schneller und lauter, dann aber zunehmend langsamer gespielt und gesungen, bis die Kinder am Ende ruhig auf dem Tisch sitzen.

Dies ist ein Spiel, mit dem die Kinder Aggressionen und aufgestaute Energie loswerden können. Sie dürfen nach Herzenslust Krach machen. Gleichzeitig wird ihnen aber ein Rahmen gesetzt, damit Lärm und Bewegung nicht ausufern. Zum Ende des Spieles kehrt schon wieder Ruhe ein. In der letzten Strophe ist zudem Konzentration gefordert, um die Bewegungen der Reihe nach wiederholen zu können.

Der Hexenschritt

Schritt vor Schritt,
so gehn die Hexen,
machen ihren Rücken krumm,
strecken ihn dann kerzengerade,
drehen sich ganz schnell herum.

Die Kinder müssen ihre Bewegungen genau aufeinander abstimmen. Sie helfen sich gegenseitig, das Gleichgewicht zu behalten.

So wird gespielt:

Je zwei Kinder stehen nebeneinander und fassen sich über Kreuz an. Dann gehen sie gemeinsam geradeaus. Sie beginnen mit dem linken Fuß und machen einen Schritt über Kreuz vorwärts, also so, dass der linke Fuß rechts vor dem rechten Fuß auftritt. Dann schwingt der rechte Fuß nach vorn über den linken Fuß, dann wieder der linke über den rechten usw. Dabei sprechen sie im Rhythmus den Hexenschritt-Vers. Am Ende drehen sie sich um, ohne die Hände zu lösen, und gehen in die entgegengesetzte Richtung. Dies wird wiederholt, solange die Kinder Lust haben.

Durch die Überkreuzbewegung werden beide Gehirnhälften zur Zusammenarbeit angeregt, wodurch unter anderem erfolgreiches Lernen leichter möglich wird. (Edu-Kinestetik)

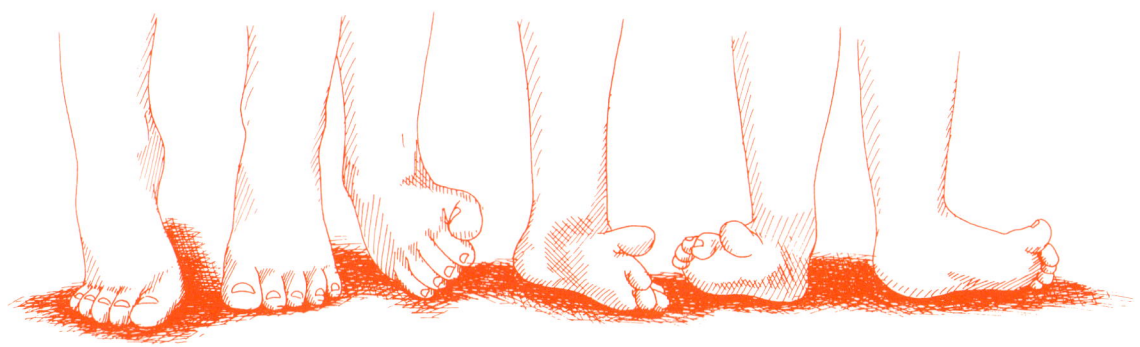

Auf den Zehenspitzen

Wir gehen auf den Zehenspitzen,
machen langsam Schritt vor Schritt.
Wir grüßen uns auf diese Weise:

*Klatschen mit der rechten Hand aufs linke
Knie, ... mit der linken Hand aufs rechte
Knie, 3 x in die eigenen Hände, Arme vor
der Brust kreuzen und den Kopf neigen.*

Komm doch bitte mit.

Nun laufen wir auf unsern Hacken ...
Wir laufen auf den Außenkanten ...
Wir laufen auf den Innenkanten ...
Die große Zehe zeigt nach außen ...
Die große Zehe zeigt nach innen ...
Die Knie sind krumm,
der Rücken gerade ...

So wird gespielt:
Die Kinder gehen auf die im Text ange-
gebene Weise im Kreis. Eines jedoch
steht innen und läuft in die Gegenrich-
tung. Bei: „Wir grüßen uns ..." bleibt es
vor einem Kind stehen, grüßt es und
nimmt es bei: „Komm doch ..." in den
Kreis hinein. Dann tritt es hinter das be-
grüßte Kind, das nun die Führung über-
nimmt, das nächste Kind grüßt und so
weiter. Der Außenkreis wird also immer
kleiner, die Schlange im Innenkreis wird
immer länger.

*In diesem Kreisspiel werden besonders die Füße
trainiert und gleichzeitig etliche Akupunkturpunkte angeregt. Darum wird es am besten
ohne Schuhe oder barfuß gespielt.*

Jetzt flipp ich aus

Text: Lore Kleikamp / Musik: Detlev Jöcker

2. Seh den Bruder mit der Schere.
   Er schneidet meine Puppe kahl!
   Oh nein! Oh nein!
   Das darf nicht sein!
   Refrain: Jetzt flipp ich aus!…

3. Letzter Stein fürs Legoflugzeug.
   So ein Mist! Es geht zu Bruch!
   Ich glaub, ich spinn!
   Schau gar nicht hin!
   Refrain: Jetzt flipp ich aus!…

4. Will mir einen Drachen bauen,
   immer geht mir etwas schief!
   Ich werd verrückt,
   wenn es nicht glückt!
   Refrain: Jetzt flipp ich aus!…

5. Ich kann es noch gar nicht glauben!
   Dieses Fahrrad ist für mich?!
   Ein tolles Stück!
   Ich habe Glück!
   Refrain: Jetzt flipp ich aus!…
   Ich halte es vor Glück kaum aus!

So wird gespielt:

Beim Ausflippen tollen die Kinder wie wild herum, allerdings ohne sich auf den Boden zu werfen. Doch sollen sie dabei beachten, dass nichts und niemand berührt werden darf; deshalb benötigt jedes ausreichend Platz. Die Kinder boxen beispielsweise in die Luft, schneiden die schrecklichsten Grimassen, rollen mit den Augen und sind überhaupt ganz aus dem Häuschen. Wenn sie allen Dampf abgelassen haben, lassen sie alles an ihrem Körper plötzlich mit einem Male locker hängen: Schultern und Arme, den Kopf, die Muskeln im Gesicht.

Sie können aber auch ausflippen, ohne das Lied zu singen. Dazu stellen sie sich hin und atmen einige Male tief ein und aus. Dabei sollen sie in sich hineinspüren, wie sich der Bauch und die Seiten dehnen. Auf ein verabredetes Zeichen hin, zum Beispiel Klatscher oder Klopfer, flippen sie wie beschrieben aus.
Nach einer Weile ertönt wieder der Klatscher oder Klopfer und sie lassen im Nu den ganzen Körper locker werden.

Lied und Übung wirken sich auf verschiedenen Ebenen aus:
Das Ausflippen befreit von aufgestauten Gefühlen und setzt Aggressionen frei, ohne sich oder anderen wehzutun.
Für die meisten Kinder ist es leichter, eine den extremen Bewegungen folgende plötzliche Entspannung zu erreichen, als wenn sie diese schritt- oder teilweise herbeiführen sollen.

Das gilt besonders für hyperaktive Kinder, die sich oft kaum für Entspannung begeistern lassen, obwohl sie diese dringend notwendig haben.
Der krasse Unterschied zwischen starker Körperbewegung und lockerer Entspannung und den damit verbundenen Empfindungen fördert zudem die Fähigkeit, sich selbst bewusster wahrzunehmen.

Der Jahrmarktrufer

Leute, geht hier nicht vorbei!
Kommt her und tretet alle näher!
Supertolles Spielzeug könnt ihr hier sehn.
Ich führe es euch vor, Leute, bleibt doch alle stehn!

Diese Tiere, die ihr seht,
bewegen sich und sind zu hören.
Sagt man ihnen „Schnipp!" oder sagt man ihnen „Schnapp!",
so stellen sie sich an oder stellen sie sich ab.

Frösche quaken, Hähne krähen,
das Gänschen schnattert, Hunde bellen,
Ziegen meckern „Mäh!" und der Bär macht „Brumm!"
Doch leider sind die Fische auch hier alle stumm.

Nun die große Sensation!
Das erste „Schnipp!" geht an die Hähne.
„Schnipp!" jetzt zu den Fröschen und „Schnipp!" zur Gans,
und „Schnipp" auch zu dem Bären, er brummt selbst beim Tanz.

„Schnipp!" zu allen Hunden hier,
den Fischen „Schnipp!", und auch den Ziegen.
Hört nun das Konzert, hört, wie es bellt und brummt!
Doch dauert's nicht mehr lange und alles verstummt.

Ziegen „Schnapp!" und Frösche „Schnapp!"
und „Schnapp!" für Hähne, Hunde, Fische!
Ein „Schnapp!" für die Gans, eins bekommt der Bär.
Es stehn nun alle still und man hört auch nichts mehr.

Leute, geht hier nicht vorbei!
Kommt her und tretet alle näher!
Supertolles Spielzeug könnt ihr hier sehn!
Ich führe es euch vor, Leute, bleibt doch alle stehn!

So wird gespielt:

Die Kinder werden in die im Text genannten Tiergruppen eingeteilt. Eines ist der Jahrmarktrufer, der seine Tierfiguren mit Fingerschnipsen und dem Wort „Schnipp!" anstellen und mit dem Wort „Schnapp" wieder ausstellen kann.

Alle Tiere beginnen bei „Schnipp!" mit ihren Bewegungen und Lauten, wenn ihr Name genannt wird. Die Fische schwimmen und bewegen nur ihr Maul. Bei „Schnapp!" halten alle sofort inne und verharren in der Stellung, die sie in diesem Augenblick einnehmen.

Es lässt sich auch ein freies Spiel anschließen:

Ein Kind ist wieder der Jahrmarktrufer, die anderen sind die Tiere. Ganz willkürlich sagt der Rufer „Schnipp!" oder „Schnapp!" zu den einzelnen Tiergruppen und nennt dabei deren Namen. So kann er sie nacheinander anstellen und abstellen. Wichtig ist, dass alle Tiere bei „Schnapp!" in der augenblicklichen Stellung verharren.

Er ist der Orang Utan

Text: Lore Kleikamp / Musik: Detlev Jöcker

Strophe

1. Seht, er stapft jetzt durch den Ur - wald und setzt Schritt vor Schritt.
Kopf und Schul - tern, Ar - me, Hän - de, bau - meln lok - ker

Refrain

mit. Er ist der O - rang U - tan vom Wun - ga- Won - ga - Wald! Und

al - le Tie - re hö - ren ihn, wenn's durch die Ge - gend schallt. Er ist der

O - rang U - tan vom Wun - ga- Won - ga - Wald. Und al - le Tie - re

hö - ren ihn, wenn's durch die Ge - gend schallt: Uuaaah!___

2. Wenn er durch die Bäume schwingt,
   ganz oben durchs Geäst,
   braucht er seine langen Arme,
   hält sich damit fest.
   Refrain: Er ist der Orang Utan ...

3. Er bricht Zweige, pflückt die Früchte,
   gräbt die Wurzeln aus.
   Dann krault er das Fell vom Nachbarn,
   und sucht jede Laus.
   Refrain: Er ist der Orang Utan ...

So wird gespielt:

Nun sind die Kinder ein Orang Utan. Während der ersten Strophe gehen sie mit nach innen gerichteten Zehenspitzen und heben bei jedem Schritt die Knie ein wenig an. Kopf, Schultern und Arme hängen locker herunter. In den nächsten beiden Strophen ahmen sie die Bewegungen nach. Bei: „Er ist ....“ atmen sie tief ein. Der Bauch wird dick und die Schultern werden stark und breit. Schließlich hämmern sich die Kinder mit den Fäusten auf die Brust und rufen ganz laut: „Uuuaaah!“

Im Affengang lockert und entspannt sich der ganze Körper. Der Urschrei wirkt befreiend und lösend. Körper und Gehirn profitieren von der Tiefenatmung. Durch das Hämmern auf die Brust wird die Thymusdrüse angeregt, die für die Produktion von Abwehrkräften zuständig ist.
Normalerweise reicht aber auch ein leichtes Reiben oder Klopfen aus, um sie zu aktivieren.
Es ist daher empfehlenswert, dies mehrmals täglich zu tun.

Jan Jäckel

Je zwei Kinder stehen sich gegenüber und bewegen sich zum Text wie angegeben:

Jan Jäckel war kein ganz Gescheiter,

1-mal in die eigenen Hände klatschen,
1-mal rechte Hand in rechte Hand,
1-mal .... in die eigenen Hände,
1-mal linke Hand in linke Hand,
1-mal in die eigenen Hände.

kletterte auf einer Leiter

Beide Arme nacheinander mit flachen Händen bis hinauf zur Schulter abklopfen und sie dabei anheben.

immer höher, immer weiter.

Rief dann laut: „Bin viel zu hoch!

Die Arme strecken und die Hände hoch über dem Kopf kräftig schütteln.

Liebe Leute, helft mir doch!"

Saust die Feuerwehr heran,

Schnell stampfen und klatschen.

spannt ein Tuch für unsern Jan.

Partner fassen sich an und weiten die Hände zu einem Kreis.

Der hatte Angst und war sehr bang.

Schnell und leicht, mit beiden Händen abwechselnd, auf die Brust schlagen.

Doch fasst er sich ein Herz .... und sprang!

In die Hände klatschen und beim letzten Wort hochspringen.

Das Abklopfen der Arme und das Schütteln der Hände hoch über dem Kopf löst Stauungen und entkrampft. Das leichte Schlagen auf die Brust regt wiederum die Thymusdrüse und damit das Abwehrsystem an.

Ich hebe meine rechte Hand

Text: Lore Kleikamp / Musik: Detlev Jöcker

(Instr.) 1. Ich

he - be mei - ne rech - te Hand, leg sie ans rech - te Ohr. Ich

stel - le mei - nen rech - ten Fuß ein klei - nes Schritt - chen vor. (Instr.)

2. Die Zeh'n an meinem rechten Fuß,
   die turnen in dem Schuh.
   Sie beugen sich und strecken sich,
   dann kommen sie zur Ruh.

3. Die Finger meiner rechten Hand
   woll'n gar nicht ruhig sein.
   Sie krabbeln auf dem rechten Knie
   und auf dem rechten Bein.

4. Doch jetzt winkt meine linke Hand:
   „Ich bin auch da! Hallo!"
   Mein linker Fuß kommt schnell nach
   vorn und stampft: „Ich ebenso!"

5. Also: Die linke Hand ans linke Ohr.
   Es turnen die linken Zeh'n.
   Links krabbelt es an Knie und Bein.
   Und wie soll's weitergehn?

So wird gespielt:

Die Kinder machen die angebenen Bewegungen mit und zum Schluss geht es nach Belieben über Kreuz weiter. Sie zeigen zum Beispiel ihren linken Arm, ihr rechtes Bein, schieben ihre linke Schulter vor, legen die rechte Hand aufs linke Auge, holen den rechten Fuß ans linke Ohr.

Wem das zu anstrengend ist, der setzt sich auf die linke Po-Backe und ruht sich aus.

Hier können auch impulsive Kinder lernen, ein wenig bedächtiger vorzugehen, zuerst nachzudenken, dann hinzuschauen oder sich etwas vorzustellen und erst dann zu handeln.

Bei der Aufforderung: „Legt die rechte Hand ans linke Ohr", heißt das beispielsweise:

Wo ist die linke Hand?
Wo ist das rechte Ohr?
Ich lege die rechte Hand ans linke Ohr.

24 Stühle

24 Stühle standen in der Mühle.
Da kamen nachts im Mondenschein
24 Mäuselein.
Und schlugen mit den Schwänzchen
den Takt zu einem Tänzchen.

Willi Wirschen

Willi Wirschen pflückt sich Kirschen.
Susi Säpfel pflückt sich Äpfel.
Kalle Kirnen pflückt sich Birnen.
Pflaumen pflückt sich Pummels Paul.
Doch die sind leider alle faul

So wird gespielt:
Die Kinder denken sich zu diesen Texten
selbst eine Klatschfolge aus. Sie können
klatschen:
  - mit flachen Händen
  - in die hohlen Hände

  - mit den Fingern in die Handfläche
  - mit der Faust in die Handfläche
  - mit einer Hand auf den
    Handrücken der anderen
  - mit den Handrücken aufeinander
  - lautlos mit den Zeigefingerkuppen
    aufeinander
  - mit Handfläche und Handrücken
    im Wechsel in die Fläche der
    anderen Hand

Sie können wechsel- und kreuzweise auf
den Kopf, die Schultern, die Brust, den
Po tippen oder klatschen; sie können
über dem Kopf, hinter dem Rücken,
nach links geneigt, nach rechts geneigt
klatschen; sie können Hüpfer und
Drehungen einbauen ...

Eine kleine graue Maus

Zwei Kinder stehen sich gegenüber und klatschen:

Eine kleine graue Maus

Rechte Hand auf linken Schenkel, linke Hand auf rechten Schenkel, 2-mal in die eigenen und 1-mal in die Hände des Partners klatschen.

fährt mit ihrem Auto aus.

Wiederholen

Kommt die Mäusepolizei,

Wechselweise überkreuz in die Hände des Partners klatschen.

lässt das Mäuschen nicht vorbei.

Linken Arm zur Seite ausstrecken, mit rechter Hand vor die linke Schulter schlagen, dann rechten Arm ausstrecken und mit linker Hand vor rechte Schulter schlagen.

„Nimm vom Lenkrad deine Pfoten!

Über Kreuz auf eigene Schenkel schlagen.

Autofahr'n ist hier verboten!"

Die Arme strecken und die Handflächen dem Partner entgegenhalten.

Was macht unsre kleine Maus?
Kehrt schnell um und fährt nach Haus.

Sich schnell auf die eigenen Schenkel schlagen, dabei langsam umdrehen, dem Partner den Rücken zukehren und ihm zuletzt einen leichten Schubser mit dem Po geben.

Man kann sich selbstverständlich auch andere Klatschfolgen ausdenken; sollte dabei aber auf Überkreuzbewegungen achten.
Der Text eignet sich übrigens auch als Abzählvers. In dem Fall schließt man mit: „ .... fährt nach Haus und du bist aus."

Abzählverse

Rote Grütze, Himbeereis,
Wackelpudding, süßen Reis,
Apfelmus und Pflaumenkuchen
gibt's jetzt noch nicht.
Erst musst du suchen.

Ein ganz dickes Krokodil
fraß mal wieder viel zu viel:
Dosen, Holz und Gummisohlen.
Jetzt musst du den Doktor holen.

Seilchenspringen

Ich mache mich krumm,
ich mache mich klein.
Ich klatsche in die Hände
und spring auf einem Bein.
Ich hebe meine Knie
und drehe mich.
Peter, komm herein und
mach es so wie ich!

Isabella macht sich fein.
Sie will die Allerschönste sein.
Sie zieht die Söckchen an.
Sie zieht das Röckchen an.
Sie zieht den Pulli an.
Sie legt die Kette um.
Sie kämmt sich das Haar.
Sie schminkt sich das Gesicht.
Sie schaut auf die Uhr.
 Oh Schreck! Oh Schreck! Oh Schreck!
 Nun läuft sie eilig weg!

Ich habe einen Zauberstein

Das Lied vom Zauberstein

Text: Lore Kleikamp / Musik: Detlev Jöcker

1. Ich ha - be ei - nen Zau - ber - stein, weiß nicht, wo ich ihn fand. Er glänzt und glit - zert wun - der - bar, paßt grad in mei - ne Hand. Er glänzt und glit - zert wun - der - bar, paßt grad in mei - ne Hand.

2. Halt ich den schönen Zauberstein
und mach die Augen zu,
und atme langsam ein und aus,
fühl ich bald tiefe Ruh.
Und atme langsam ein und aus,
fühl ich bald tiefe Ruh.

3. Dann seh ich, was ich schaffen möcht,
als wär es schon getan.
Doch höre ich auf meinen Stein,

wie er mir sagt: „Fang an!"
Doch höre ich auf meinen Stein,
wie er mir sagt: „Fang an!"

4. Jetzt hab ich Mut und traue mich
und gehe Schritt vor Schritt.
Den Zauberstein geb ich nicht her.
Ich nehm ihn immer mit.
Den Zauberstein geb ich nicht her.
Ich nehm ihn immer mit.

Mit dem Zauberstein in der Hand können sich die Kinder klar und deutlich vorstellen, was sie erreichen möchten. Sie haben wahrscheinlich die verschiedensten Ziele. Sie malen sich alles in ihrer Vorstellung ganz genau aus und gehen mit ihrer Phantasie auf Reise. Sie stellen sich vor:

- wie sie morgens besser aus dem Bett kommen
- wie sie im Sport mehr erreichen
- wie sie wieder gesund sind, wenn sie krank im Bett liegen
- wie ihnen Spritzen nichts mehr aus machen (sie stellen sich vielleicht vor, der Arzt sticht in Watte)
- wie sie gut vorlesen können
- wie sie eine gute Mathearbeit zurück bekommen und Lehrer und Eltern sie loben
- ....

Wenn sie genau hinhören, sagt der Zauberstein nicht nur: „Fang an!",
sondern auch: „Bleib dran!"

Es geht mir gut!

Text: Lore Kleikamp / Musik: Detlev Jöcker

2. Ist es Abend, wird es dämmrig,
   nehme ich mir ein tolles Buch.
   Kuschel mich in meine Ecke,
   bin zufrieden, hab genug.
   Refrain: Dann merke ich: Es geht mir gut! ...

3. Hab ich wieder mal Geburtstag,
   lad ich ganz viele Gäste ein.
   Freu mich über die Geschenke,
   kann mit allen fröhlich sein.
   Refrain: Dann merke ich: Es geht mir gut! ...

4. Macht die Schularbeit mich müde,
   tanke ich frische Energie.
   Oder brauche ich Entspannung?
   Kein Problem! Ich übe sie.
   Refrain: Dann merke ich: Es geht mir gut! ...

So wird gespielt:

Während der Strophen klatschen oder klopfen die Kinder leise, ganz, wie sie es möchten. Bei „Es geht mir gut!" klatschen die Hände im Takt einmal auf die Unterschenkel, einmal auf die Oberschenkel, einmal auf die Brust und einmal hoch über dem Kopf zusammen. Dabei fangen die Kinder leise und langsam an und werde immer schneller und lauter.

Bestimmt können die Kinder noch viel öfter sagen : „Es geht mir gut!"
Wenn sie etwas Schwieriges geschafft haben, wenn sie die Ferien genießen, wenn sie mit ihren Freunden oder Freundinnen zusammen sind, wenn sie bei Vater oder Mutter kuscheln, wenn ....

Der Text hilft den Kindern, sich der vielen kleinen guten Dinge in ihrem Leben bewusster zu werden. Beim Refrain bestärken sie diese Wahrnehmungen und versorgen sich körperlich und geistig mit frischer Energie.

Spiegel-Sprüche

Was bist denn du für ein mieser Mops
und schaust in den Spiegel hinein?
Soll ich etwa - oh, großer Schreck! -
heut immer bei dir sein?

Na gut! Erst putz ich deine Zähne
und wasch dir dein Gesicht.
Nachher wird's dir schon besser gehn.
Oder glaubst du mir das nicht?

Tatsächlich! Langsam wirst du jetzt der,
den ich so gut leiden mag.
Nun wird's für uns, ich wett mit dir,
bestimmt ein schöner Tag.

He du!
Toll, dich heute so fröhlich zu sehn!
Ich glaube,
mit dir wird der Tag sehr schön.
Es gibt bestimmt ganz viel zu lachen,
aber auch ein paar blöde Sachen.
Was soll's!
Ob in der Schule oder zu Haus, wir beide
machen das Beste draus!

Es gibt solche Affirmationen natürlich auch im Kurzformat, und man sollte ihren Wert nicht unterschätzen:

Motivierende Selbstansprachen (Affirmationen) helfen, ein Ziel nicht aus den Augen zu verlieren. Wichtig ist, dass der Zuspruch positiv ist. Wir benutzen häufig negative Formulierungen. Achtet man aber darauf, sich positiv auszudrücken, und bringt Geduld und Ausdauer auf, so werden sich mit der Zeit nicht nur die Sprachmuster, sondern auch die Denkmuster positiv verändern.

Ich hab Mut und mach es gut. Pack's an, bleib dran!
Immer weitermachen! Ich gebe mein Bestes. ...

Der fliegende Hexenteppich

Die kleine Hexe Simbula wollte sich nun endlich einen fliegenden Hexenteppich zaubern. Der alte Hexenbesen flog ihr nicht mehr schnell genug und außerdem war er sehr unbequem.

So schleppte sie das dicke Zauberbuch heran und schlug die Seite mit dem Fliegenden-Hexenteppich-Zauberspruch auf. Weil sie aber das Buch zu schräg hielt, rutschten eine Menge Buchstaben heraus und fielen auf den Boden.

„Ach du siebenhundertdreiundachtzigtausendfünfhundertsechsundzwanzigstes Fuchsschwanzhaar!", schimpfte sie, sammelte die Buchstaben auf und setzte sie wieder in das Buch ein. Das war zum Glück nicht allzu schwierig, denn sie konnte noch so eben erkennen, wo die einzelnen Buchstaben vorher gewesen waren. Nun schürte die kleine Hexe das Feuer im Kamin, stellte sich mit dem Rücken davor, kratzte dreimal mit dem rechten Fuß über den Boden und blies siebenmal über die linke Schulter. So machte sie es immer, wenn sie zaubern wollte. Mit tiefer Stimme las sie dann den Fliegenden-Hexenteppich-Zauberspruch:

„Schwarzer Rabe, gib deine Federn, brauner Bär die Wolle dazu. Schmetterlinge bringt eure Flügel! Eule im Walde, ruf dreimal Aha!"

Ihr habt sicherlich gemerkt, dass etwas nicht stimmt. Aber Simbula ... ?
Sie stutzte bei dem letzten Wort. Irgendetwas kam ihr sonderbar vor. Aber weil der Spruch genau so im Buch stand und weil sich vor ihren Augen langsam ein wunderschöner Teppich ausbreitete, gab sie sich zufrieden. Kichernd warf sie den alten Hexenbesen in das Feuer. „Hihihi! Dich brauche ich nicht mehr! Ich habe jetzt etwas viel, viel Besseres!"

Sie rollte den Hexenteppich zusammen, lief vor das Haus, legte ihn auf die Wiese, setzte sich bequem darauf zurecht und wartete gespannt.

Eine ganze Weile geschah nichts. Doch dann hob sich der Teppich langsam mit ihr in die Höhe. Er stieg weit hinauf bis über die Bäume. „Nun aber schneller!", rief die kleine Hexe und schlug ungeduldig mit den Fersen auf.

Und der Teppich gehorchte ihr tatsächlich! Schnell wie der Wind begann er durch die Lüfte zu rasen. So wie sie es wollte, zog er Bögen und Schleifen, stieg steil auf und sauste wieder hinab. Simbula flatterten die Haare um die Ohren. Sie musste sich an den Teppichfransen festhalten, um nicht herunterzufallen. „Beim Bart der alten Wühlmaus!", rief sie begeistert, „das ist das Tollste, was ich je erlebt habe!" Simbula jauchzte und konnte nicht genug bekommen.

Eine ganze Zeitlang dauerte das Vergnügen auch an. Doch allmählich merkte die kleine Hexe, dass der Teppich ihr nicht mehr so gehorchte wie zuvor. Obwohl sie ihn immer wieder antrieb, wurde er langsamer und langsamer.

Schließlich ruckelte und zuckelte er nur noch wie ein Auto, dem das Benzin ausgeht.

„Bleib nur ni-nicht stehen!", rief Simbula voller Angst. Bei jedem Wort ruckelte und zuckelte sie genauso wie der Teppich. „O-o-o, jetzt weiß ich auch wa-wa-warum es so rü-rü-rüttelt und schü-schü-schüttelt! Der Zau-Zau-Zauberspruch war ni-ni-nicht ganz ri-ri-richtig. Es musste U-u-u-uuuuuuuuuuu ...."

Das letzte Wort blieb ihr im Hals stecken, denn der Teppich sauste so schnell in die Tiefe, dass ihr Hören und Sehen verging. Mit einem harten Stoß landete sie auf einem steinigen Feld.

„Verknastete Zackenschlange!", schimpfte sie. „Niemals wieder setze ich mich auf solch ein Teufels-Drachending! Da ist mir mein alter Hexenbesen doch tausendmal lieber."

Sie raffte ihre sieben Röcke zusammen und machte sich auf den Heimweg.

Nach ein paar Schritten blieb sie plötzlich stehen und schlug sich mit der Hand vor die Stirn. „Ich neunmal verhuselte Wurzelschrulle! Ich habe ja keinen Hexenbesen mehr, habe ihn ja selbst ins Feuer geworfen! Nun muss ich mir tatsächlich einen neuen Besen zaubern. Hoffentlich sind bei dem Hexenbesen-Zauberspruch nicht auch die Buchstaben durcheinander geraten!" Sie stöhnte, hielt sich den schmerzenden Rücken und humpelte auf den Wald zu, in dem irgendwo ihr kleines Haus liegen musste.

Stellt euch einmal vor, ihr habt auch einen fliegenden Teppich, einen, der zwar nur langsam durch die Luft gleitet, dafür aber richtig funktioniert.

Stellt euch euren Teppich vor. Welche Farbe hat er? Hat er ein schönes Muster? Ist er dick, weich und flauschig? Wie groß ist er?

Wenn euer Teppich fertig ist, setzt euch darauf. Oder wollt ihr lieber mit dem Bauch darauf liegen und über den Rand nach unten schauen? Hinunterfallen könnt ihr nicht, denn auf eurem Zauberteppich seid ihr ganz sicher. Fliegt nun, wohin ihr wollt, und schaut euch die Welt von oben an. Seht wie groß, schön und bunt sie ist. Landet wenn ihr Lust habt, um euch etwas genauer anzuschauen.

Wenn ihr nach Hause zurückkommt, bleibt ein Weilchen ruhig sitzen oder liegen und öffnet erst dann langsam eure Augen.

So geht die Phantasie auf Reisen:

Die Kinder machen es sich mit Decken und Kissen bequem und schließen ihre Augen. Dann wird ihnen langsam und ruhig die Geschichte vorgelesen. Zum Schluss recken und strecken sich alle, bis sie wieder ganz aus ihrer Entspannung zurückgekehrt sind.

Solche Phantasiereisen zur Entspannung können die Kinder auch allein unternehmen, beispielsweise abends vor dem Einschlafen.

Mein Kuscheltier will ausruhn

Text: Lore Kleikamp / Musik: Detlev Jöcker

2. Mein Kuscheltier will schlafen.
Es ist so müd und schlapp.
Ganz warm liegt es auf meinem Bauch,
wiegt langsam auf und ab.
Ganz warm liegt es auf meinem Bauch,
wiegt langsam auf und ab.

Dieses Lied zum Einschlafen wird dem Kind mit ruhiger Stimme ganz langsam vorgesungen. Das „auf und ab" kann, dem Kind und der Situation entsprechend, häufig wiederholt werden und geht bei der letzten Strophe in ein Flüstern über.

3. Mein Kuscheltier will träumen.
Es ist so müd und schlapp.
Ganz warm liegt es auf meinem Bauch,
wiegt langsam auf und ab.
Ganz warm liegt es auf meinem Bauch,
wiegt langsam auf und ab.

Luftperlen

Schließt die Augen und stellt euch viele kleine, helle, bunte Luftperlen vor, die ihr einatmen möchtet. Sie fallen ganz von selbst. Es muss nur Platz geschaffen werden.

Macht einen langen tiefen Atemzug, damit sie zuerst ganz unten in den Bauch fallen können, dann in den Brustraum und zuletzt in die Schultern. Jetzt seid ihr ganz mit diesen schönen Luftperlen gefüllt. Nun verlassen sie den Körper wieder. Atmet sie langsam durch den Mund aus. Sie steigen zuerst aus den Schultern auf, dann aus der Brust. Die allerletzten kommen tief aus dem Bauch. Keine einzige bleibt zurück. Lasst ihnen zum Steigen noch etwas mehr Zeit als zum Fallen.

Seid ganz locker und entspannt, damit ihr die zarten Luftperlen nicht zerdrückt.

Bei dieser Atemübung, in der die so wichtige Tiefenatmung trainiert wird, ist es wichtig, den Kindern ihren eigenen Atemrhythmus zu lassen. Die Übung wird 2- bis 3-mal wiederholt.

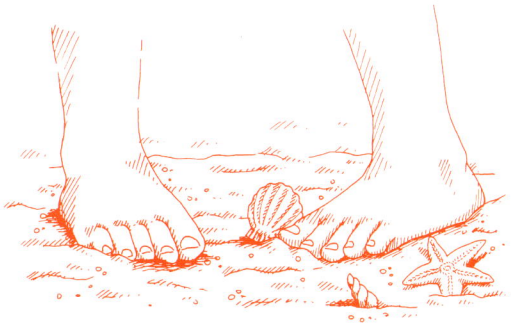

Boden unter den Füssen

Geht durch den Raum, in dem ihr euch gerade befindet, und stellt euch vor, über ganz verschiedene Böden zu gehen. Einer von euch gibt diese langsam nacheinander an:

Waldboden ... Wiese ... Sand ... Wasser ... Fliesen ... Teppich ... dicke Steine ... kleine Steine ... Sumpf ... Schnee...

Zum Schluss darf jeder einen Boden wählen, auf dem er, auf einem kleinen Umweg, zu seinem Platz zurückgeht.

Diese Übung schult die Wahrnehmung. Beim bildhaften Vorstellen (Visualisieren) wird der Tastsinn miteinbezogen, der häufig bei den Sinneserfahrungen zu kurz kommt.

Ich höre

Text: Lore Kleikamp / Musik: Detlev Jöcker

1. Ich hör' Mo-to-ren brum-men, und auch die Bie-nen sum-men, wie man-che Vö-gel sin-gen, und lee-re Glä-ser klin-gen. Ich hö-re, wie die Trop-fen fal-len. Ich hö-re, wie die Tü-ren knal-len. Ich hö-re. Ich hö-re. Ich hö re.

2. Ich hör' Maschinen rattern,
und auch ein Moped knattern,
dann wie die Uhren ticken,
und manche Schlösser klicken.
Ich höre, wie die Katze schnurrt,
Ich höre, wie mein Magen knurrt.
Ich höre, ich höre, ich höre.

3. Ich hör' die Menschen sprechen,
und wie die Zweige brechen,
dann wie die Mücken sirren
und wie die Teller klirren.
Bin ich mal lang und schnell gelaufen,
dann höre ich mich selber schnaufen.
Ich höre, ich höre, ich höre.

Bestimmt können die Kinder noch viel mehr Geräusche hören, auch wenn diese leise sind!

Die Kinder sind heute sehr viel Lärm ausgesetzt. Da ist es wichtig, nicht nur im Sinne einer Gehörschulung, sie auch auf leise Töne aufmerksam zu machen. Um aber Leises hören zu können, müssen sie zuerst selbst leise werden und zur Ruhe kommen.

Luftballons aufpumpen

Ihr seid Luftballons und kauert auf dem Boden. Ein Kind steht vor euch. Dieses ist die Pumpe, die euch gleich aufblasen wird. Bevor sie anfängt, sagt sie: „Die Luftballons sind ganz leeeeeeer". Bei dem Wort „leer", stoßt ihr all eure Luft durch den Mund aus. Sofort danach beginnt die Pumpe mit F-f-f-f, euch aufzublasen. Ihr atmet langsam und tief durch die Nase ein und richtet euch dabei allmählich auf, denn die Luftballons werden dicker und dicker. Wenn keine Luft mehr in euch hineingeht und ihr prall aufgeblasen seid, platzt ein Luftballon nach dem anderen mit einem lauten „Peng!", macht dann ein immer leiser werdendes „Schschsch!" und fällt langsam in sich zusammen.

So wird gespielt:
Der Text wird zunächst einmal vorgelesen. Beim zweiten Mal machen die Kinder dann die Bewegungen entsprechend mit. Die Übung wird 2- bis 3-mal wiederholt, wobei jedes Mal die „Pumpen" ausgewechselt werden.

Hier erfolgt ein Wechsel zwischen Anspannung und Entspannung. Die Kinder sollten aufgefordert werden darauf zu achten, wie sie sich in den verschiedenen Situationen fühlen. Das lässt sie ihren Körper bewusster wahrnehmen.

Der Schneemann

Ich werde bald ein Schneemann sein,
jetzt sieht man es noch nicht.
Bin nur ein kleines Häufchen Schnee
und hab nicht viel Gewicht.
Doch wenn ich mich nun dreh und winde,
werd ich ein Schneemann und bin hier
der schönste, wie ich finde.

Die Beine fest, und dick der Bauch,
die Schultern stark und breit.
Hab eine Mütze auf dem Kopf,
bleib hier für lange Zeit.
Ich bin sehr froh, dass ich hier stehe
und freue mich, wenn ich schon bald
die Kinder wiedersehe.

Die Sonne scheint! Ich werde schwach
und schmilze langsam weg!
Der Kopf, die Schultern und der Bauch,
sie fallen in den Dreck!
Da liegt die schöne Pudelmütze!
Und ich bin nur ... und ich bin nur
... eine große Pfütze!

So wird gespielt:
Zu Beginn des Gedichtes hocken die Kinder mit rundem Rücken, eingezogenem Kopf und eng angelegten Armen auf dem Boden. Dann stehen sie langsam auf, wobei sie sich drehen und winden. Mit leicht gespreizten Beinen und in die Seiten gestemmten Armen stehen sie schließlich wie ein dicker Schneemann da.
Bei „Die Sonne scheint!", fallen sie langsam in sich zusammen und sinken locker zu Boden. Zuletzt liegen sie mit weit von sich gestreckten Armen und Beinen ganz entspannt auf der Erde.

Auch bei dieser Übung baut sich langsam eine Körperspannung auf und wieder ab. Für die Kinder ist das eine gute Gelegenheit, ihren Körper dabei zu beobachten und, in einem weiteren Schritt, darauf zu achten, wie sie sich in den unterschiedlichen Situationen fühlen.

Die freche Fliege

Der Zauberer Schrappelschrut verzaubert dich:
Da sitzt du nun und kannst dich nicht

> „Schrippel schrappel huckebein,
> schlaff und lahm sollst du jetzt sein.
> Nichts kannst du bewegen.
> Nur allein in dem Gesicht
> sich die Muskeln regen.
> Sind drei Minuten dann vorbei,
> bist du wieder frei!"

rühren. Dein Körper ist ganz schlaff und lahm. Aber du merkst, dein Gesicht ist beweglich, die Augen ... die Lippen ... und alle anderen Muskeln ...

Plötzlich surrt eine Fliege durchs Zimmer. Du verfolgst sie mit den Augen. Sie fliegt in alle möglichen Richtungen, von oben nach unten ... von unten nach oben ... von rechts nach links ... von links nach rechts ... kreuz und quer ... und quer und kreuz ... Schließlich kreist sie immer vor dir herum ... große Kreise rechts herum ... große Kreise links herum ... Du lässt sie nicht aus den Augen ...

Auf einmal siehst du sie nicht mehr. Aber du fühlst sie, denn sie läuft über dein Gesicht. Wie das kitzelt! Doch du kannst sie nicht verjagen, weil du ja lahm bist. Die freche Fliege setzt sich auf deine Stirn. Es ist gut, dass du dort die Muskeln bewegen kannst. Runzle die Stirn, zieh

sie kraus, immer wieder ..., bis die Fliege verschwindet. Nun spürst du sie auf einer Backe ... auf der anderen ... auf der Nase ... unter der Nase ... unter dem Mund ...

Jetzt scheint sie überall gleichzeitig zu sein. Bewege alles in deinem Gesicht, was du nur bewegen kannst, um sie zu verjagen ...

Jetzt bleibt die lästige Fliege sitzen, genau auf deiner Nasenspitze! Ein Weilchen rührst du dich nicht. Dann holst du langsam und tief Atem, schiebst dabei vorsichtig die Unterlippe so weit vor, wie du kannst, atmest plötzlich mit einem Stoß kräftig aus und - ssssss! Die Fliege ist fort. Die drei Minuten sind um, der Zauber ist vorbei!

Bist du nicht erstaunt, wie viele Muskeln du in deinem Gesicht bewegen kannst? Mache das öfter, auch ohne Fliege!

Hier werden nicht nur die Augen trainiert. Die Kinder konzentrieren sich auf das ganze Gesicht und nehmen die vielen Möglichkeiten wahr, es zu bewegen. Durch das Spiel der Muskeln wird der ganze Kopf gut durchblutet und das Gehirn mit Sauerstoff versorgt.

Das Stöhnlied

Text: Lore Kleikamp / Musik: Detlev Jöcker

2. Jetzt mach ich es wie Hund und Katze.
Streck den Nacken und den Rücken.
Räkel mich, ganz sanft und langsam,
ich kann mich drehen und mich bücken.
Refrain: Und stöhn dabei ...

3. Zu guter Letzt muss ich nun gähnen ...
Atme tief in Bauch und Backen.
Weit reiß ich den Mund nun auf.
Dann lass ich mich zusammensacken.
Refrain: Und stöhn dabei ...

Bei diesem Lied können die Kinder nach Herzenslust stöhnen, seufzen und andere Urtöne von sich geben! Wenn sie dabei vor dem Stöhnen die Luft ein wenig anhalten, wirkt es noch befreiender.

Auch kann ihnen der Tipp gegeben werden, öfter bei den Schularbeiten zu gähnen! Sie massieren dabei vor den Ohren die Stelle, an der sie spüren, wie sich dort im Gelenk ihre Kiefer bewegen. Sie können auch mit der linken Hand die rechte und mit der rechten Hand die linke untere Gesichtshälfte massieren.

Im Bereich von Mund und Kiefergelenk verlaufen viele Verbindungen vom Körper zum Gehirn. Durch das Energiegähnen wird also:

- *die Versorgung des Gehirns mit Sauerstoff verbessert*
- *der Kreislauf angeregt*
- *die Konzentrationsfähigkeit für Hören und Verstehen gesteigert.*
- *Außerdem werden die Muskeln im Kiefern- und im gesamten Kopfbereich entspannt.*

Energiegähnen ist ebenfalls ein Mittel gegen nächtliches Zähneknirschen.

Danach ist eine kurze Übung mit viel Bewegung angebracht.

Das Lied von der frischen Energie

Text: Lore Kleikamp / Musik: Detlev Jöcker

1. Ich schwing den Arm und heb das Knie und tan-ke fri-sche
E-ner-gie. Das weckt a-le Le-bens-gei-ster,
macht Ge-dan-ken frei von Kleis-ter. Ich tan-ke, so-viel ich
kann, drum fan-ge ich von vor-ne an.

So wird gespielt:

Die Kinder holen mit dem Arm in hohem Bogen aus und schlagen mit der Hand auf das gegenüberliegende Knie, das ihrer Hand schon entgegenkommt. Sie schlagen mit der rechten Hand aufs linke Knie und mit der linken Hand aufs rechte Knie, immer abwechselnd und immer mit Schwung. Wenn sie möchten, summen oder singen sie dabei mit.
Sie können die Übung auch im Liegen machen.

Sind sie noch beweglicher, schaffen sie es vielleicht auch so:
Sie legen die Hände hinter den Kopf und versuchen, mit dem rechten Ellenbogen das linke Knie und mit dem linken Ellenbogen das rechte Knie zu berühren.

Die Überkreuzbewegungen fördern in schon erwähnter Weise das Zusammenspiel der beiden Gehirnhälften.

Herr Bollermann

Herr Bollermann hat einen Schrank ge-
baut, einen großen Schrank aus schwe-
rem Holz. Aber dieser steht noch nicht
an der richtigen Stelle. „Ich muss ihn ein
Stückchen verschieben", sagt Herr Bollermann. „Das wird nicht leicht sein, und
beim Schieben muß ich daran denken,
gleichmäßig zu atmen, damit ich keine
Kopfschmerzen bekomme." Herr Bollermann geht auf den Schrank zu, so meint
er wenigstens. Doch weil es schon ziem-
lich dunkel ist und er auch seine Brille
nicht auf der Nase hat, merkt er nicht,
dass er seine Hände an eine Wand legt
und nicht an den Schrank. Nun schie-
iebt u-und drü-ückt Herr Bollermann.
„Donnerwetter," sagt er. „Der Schrank
ist schwerer, als ich dachte. Ich muss es
anders versuchen." Er stellt sich so hin,
dass er mit einer ganzen Körperseite die
Wand berührt, mit Schulter, Arm, Hüfte
und Bein. Nun drü-ückt e-er u-und drü-
ückt. Kein Erfolg. Er stellt sich mit der
anderen Seite vor die Wand. Er drü-ückt
u-und drü-ückt. „Das muss mit dem
Teufel zugehen!", schimpft Herr Bollermann. „Doch vielleicht komme ich weiter, wenn ich mit dem Rücken schiebe."
Und dann lehnt er sich mit dem ganzen
geraden Rücken gegen die Wand,
stemmt die Beine fest auf den Boden
und drü-ückt u-und drü-ückt. Nichts bewegt sich. Enttäuscht gibt Herr Bollermann auf. „Ich bin heute wirklich zu
schlapp. Aber morgen früh werde ich es
noch einmal versuchen."

So wird gespielt:

Nun sind die Kinder Herr Bollermann
und versuchen, den „Schrank" zu verschieben. Dabei sollen sie 2 Punkte sehr
genau beachten:

1. Gleichmäßig und mit voller Kraft drükken und beim Drücken normal wei-
   teratmen. Nicht den Atem anhalten!
2. Nicht länger als sechs Sekunden drükken! Tipp: Das ist etwa so lange, wie
   sie langsam denken können:
   Herr Bollermann! Herr Bollermann!

Außerdem sollen sie beim Drücken ihren
Körper beobachten, wie sich die Muskeln anspannen und wieder locker werden.

Hier sind weitere Bollermann-Übungen, bei denen die Kinder ihren Körper und besonders ihre Muskeln spüren können:

- eine Hand zur Faust ballen und sie in die andere Handfläche legen, dann kräftig gegeneinander drükken, die Hände wechseln
- die Hände seitlich unter den Stuhlsitz legen und versuchen, sich mit dem Stuhl hochzuheben
- die Füße von innen gegen die Beine eines Stuhles drücken
- die Füße von außen gegen die Stuhlbeine drücken
- auf einem Stuhl sitzen, die Beine ausstrecken, die Hände auf die Schienbeine legen, dagegen drükken, während die Beine genau so stark gegen die Hände drücken
- im Liegen die Beine ausstrecken und die Füße kreuzen, mit Kraft die Außenkanten der Füße gegeneinander drücken, wechseln
- die Hände spreizen, fest mit den Fingerspitzen auf eine Tischplatte drücken
- die Hände hinter dem Kopf verschränken, den Kopf kräftig dagegen drücken
  ....

Hierbei handelt es sich um eine isometrische Übung, bei der man man mit aller Kraft gegen einen unverrückbaren Gegenstand oder auch einen Körperteil gegen einen anderen drückt. Wenige Minuten genügen, damit, bei regelmäßiger Anwendung, die eingesetzten Muskeln gut durchblutet und deutlich gekräftigt werden.

Der Riese Rumpelfax

Der Riese Rumpelfax ist auf dem Heimweg. Den ganzen Tag hat er draußen im Wald hart gearbeitet. Nun ist er schrecklich müde und schleppt sich nur so dahin. Seine Beine sind wie Blei, und die Arme hängen schwer von den Schultern herab.

Endlich kommt er zu Hause an. „Frau!", ruft er. „Ich bin wieder da. Aber vor dem Essen lege ich mich für kurze Zeit hier draußen auf die Wiese. Ich muß mich ein wenig ausruhen." Wie ein nasser Sack lässt er sich ins Gras fallen, streckt alle viere von sich und schläft sofort ein.

Seine Frau denkt: „Ei, die Mahlzeit ist fertig und wenn der Mann schläft, kann ich noch ein Weilchen mit der Nachbarin plaudern. Aber ich muss sicher sein, dass er wirklich tief und fest schläft."

Sie schleicht hinaus und beobachtet Rumpelfax sehr aufmerksam. Sein Atem geht ruhig und gleichmäßig. Der Bauch hebt und senkt sich, auf und ab ... auf und ab ... „Doch ich bin immer noch nicht ganz sicher, ob der Mann auch richtig schläft", denkt die Frau.

Vorsichtig hebt sie einen Arm von Rumpelfax an und lässt ihn wieder los. Der Arm fällt locker und schwer ins Gras zurück. Sie hebt den anderen Arm und lässt los. Auch er plumpst auf den Boden. Sie stockt ...

Ist der Riese aufgewacht? Nein. Sein Bauch geht wie zuvor gleichmäßig auf und ab ... auf und ab ... Jetzt hebt die Frau ein Bein von Rumpelfax an ...

plumps, das andere Bein ... plumps, beide Beine zusammen ... plumps. Der Mann rührt sich nicht. „Sehr gut", denkt die Frau und macht sich ganz leise davon.

Rumpelfax schläft. Immer noch hebt sich sein Bauch auf und ab ... auf und ab .... Nach einer Weile krabbelt ein Käfer über seine Nase. Der Riese nimmt wie im Traum eine Hand auf, streicht sich damit über das Gesicht und lässt sie wieder ins Gras fallen.

Aber mit dem Schlafen ist es jetzt vorbei. Rumpelfax macht noch drei tiefe Atemzüge, ein ... aus ... ein ... aus ... ein ... aus .... Dann öffnet er langsam die Augen ... Er dehnt und reckt sich ..., streckt die Arme ... die Beine ... holt tief Luft und macht laut: „Uuuaaahhh!"

Das hört seine Frau. Sie läuft schnell heim, kommt in dem Moment an, als der Riese richtig wach ist, und fragt: „Hast du gut geschlafen, lieber Mann?" Rumpelfax dehnt und streckt sich noch einmal und sagt: „Ja, sehr gut. Nun können wir essen."

So wird gespielt:

Zwei Kinder sind der Riese Rumpelfax und seine Frau. Während die Geschichte langsam und mit den entsprechenden Pausen vorgelesen wird, spielen sie pantomimisch den Ablauf der Handlung. Dabei sind Gesichtsausdruck und Bewegung sehr wichtig. So könnte zum Beispiel die Frau, während der Mann auf dem Heimweg ist, in ihrem Haus (einer Ecke des Raumes) beschäftigt sein: in einem Topf rühren, die Speisen abschmecken, den Tisch decken ...

Besondere Bedeutung kommt jedoch dem Riesen zu: in seiner Müdigkeit auf dem Heimweg, beim Schlafen und beim Aufwachen.

Diese Mitmachgeschichte fördert die Entspannung und lässt vor allem die Darsteller des Riesen Rumpelfax zur Ruhe kommen.

Die kleine Katze Miezemusch

Text: Lore Kleikamp / Musik: Detlev Jöcker

1. Die klei-ne Kat-ze Mie-ze-musch schläft ru-hig und ganz tief. Sie hat sich nicht ein-mal ge-rührt, als ich sie lei-se rief. *Fine* Doch jetzt wird sie all-mäh-lich wach. Sie hebt den Kopf und schaut nach vor-ne, hin-ten, in die Höh. Ich hö-re kei-nen Laut.

2. Nun steht die Katze langsam auf,
und dehnt und streckt sich dann,
ein Vorderbein, ein Hinterbein,
so lang sie's eben kann.
Jetzt putzt sie sich das weiche Fell,
die Schultern, und den Bauch.
Sie leckt die Pfoten, streicht die Nas
und ihre Ohren auch.

3. Zur Futterschüssel tappt sie hin,
miaut mit sanftem Ton,
schleckt ihre Milch,
wischt sich den Bart,
und schleicht ganz leis davon.

So wird gespielt:

Strophe 1:
Die Kinder rollen sich wie eine kleine Katze auf dem Boden zusammen. Die Arme ruhen, entspannt nach hinten gelegt und mit den Handflächen nach oben zeigend, eng neben dem Körper. Der Rücken ist rund. Die Stirn berührt vor den Knien den Boden. Der Po liegt auf den Fersen. Sie atmen ruhig und entspannt. Der Atem kommt und geht wie von selbst.

Die genannten Bewegungen werden ganz langsam und sanft ausgeführt. Nach hinten schauen heißt: über beide Schultern weit nach hinten sehen.

Strophe 2:
Die Kinder heben sich langsam auf Hände und Knie und strecken sich wie angegeben. So weit der Kopf reicht, „leckt" sich die Katze das Fell. Für die anderen Körperteile gebraucht sie ihre Pfötchen.

Strophe 3:
Bewegungen wie im Text beschrieben.

Eine kleine Schmusekatze

Ich weiß, was du bist:
Eine kleine Schmusekatze.
Kommst so gern auf meinen Schoß,
bist ja klein und noch nicht groß.

Ich weiß, was du tust:
Dich ganz nahe an mich kuscheln.
Nehme dich in meinen Arm,
drück dich an mich, fest und warm.

Ich weiß, was du sagst:
Nichts. Du bist ganz einfach stille,
läßt dich streicheln und zum Schluss
geben wir uns einen Kuss.

Rückenkraulen

Ich male bunte Kreise
in Farben, wunderschön.
Du kannst sie alle deutlich
in deinem Kopfe sehn.

Erst sind sie rot ... orange ...
dann gelb ... dann grün ... dann blau ...
Nun gleichen sie den Veilchen,
sie sind ganz lila, schau!

Doch bleiben sie nicht lila,
sie wandeln sich ganz leis.
Sie werden blau ... dann wiesengrün ...
gelb ... und orange ... ein jeder Kreis.

Nun sind sie rot wie Kirschen.
Stell sie dir deutlich vor.
Und findest du 'nen Zweier,
so häng ihn übers Ohr.

So wird gespielt:
Zuerst streicht die flache Hand dem Kind
über die Stirn, die Haare und den Nak-
ken. Nun wird der Rücken mit drei
Fingern in kreisenden Bewegungen mit
ganz leichtem Druck langsam massiert.

*Das Kind wird Zeit brauchen, sich die Regen-
bogenfarben nacheinander vorzustellen und
sich zu entspannen. Dann kann sich das Rük-
kenkraulen positiv auf verschiedene Körper-
funktionen auswirken.*

Sonnenblumen

Ihr sitzt im Kreis so, dass jeder jeden sehen kann. Eure Hände habt ihr zu Fäusten gemacht, der Daumen liegt oben auf. Sie sind Sonnenblumen, die langsam aufblühen und sich wieder schließen. Zuerst heben sich die Daumen, dann der Zeigefinger, der Mittelfinger, der Ringfinger und zuletzt der kleine Finger. Wenn die Hände ganz gestreckt sind, beginnt sich mit dem kleinen Finger, die Blume wieder zu schließen. Lasst eure Sonnenblumen sich einige Male öffnen und schließen.

Schafft ihr es wohl, dass sie alle etwa zur gleichen Zeit geöffnet und wieder geschlossen sind? Das geht leichter, wenn ihr nicht auf einzelne Kinder schaut, sondern euren Blick über den ganzen Kreis schweifen lasst.

Diese Übung entspannt und fördert gleichzeitig das Konzentrationsvermögen der Kinder. Sie müssen sich aufeinander einstellen und sich ohne Worte miteinander abstimmen. Nach gelungener Übung stellt sich ein sehr schönes Gemeinschaftsgefühl ein.

Ich streiche meine Ohren aus

Text: Lore Kleikamp / Musik: Detlev Jöcker

1. Ich strei-che mei-ne Oh-ren aus, von o-ben ganz her-
un-ter. Das ist nicht nur fürs Hö-ren gut, das
macht mich frisch und mun-ter. Das macht mich frisch, das
macht mich frisch, das macht mich frisch und mun-ter.

2. Mir gehen dann bald Lichter auf.
Ich kann viel klarer denken.
Und außerdem schafft es kein Mensch,
mich richtig abzulenken,
mich richtig ab-, mich richtig ab-,
mich richtig abzulenken.

3. Mein Ohrenrand ist supertoll!
Er hilft mir ohnegleichen.
Ich brauche ihn nur dann und wann,
behutsam auszustreichen,
behutsam aus-, behutsam aus-,
behutsam auszustreichen.

So wird gespielt:

Die Kinder legen ihren Daumen von vorn und ihren Zeigefinger von hinten, oben an die Ohrenränder, die ja ein wenig nach innen eingerollt sind. Leicht ziehend streichen sie sie nach außen hin glatt. Sie bügeln sie gleichsam mit der Daumenkuppe aus. Dabei beginnen sie oben und gehen in winzigen Schritten auf die Ohrläppchen zu. Dort angekommen rubbeln sie sie kräftig. Für einen Durchgang brauchen sie etwa soviel Zeit, wie es dauert, langsam eine Strophe zu sprechen. Die Kinder streichen also insgesamt 3-mal ihre Ohrenränder aus. Natürlich aber können sie es auch so oft machen, wie sie Spaß daran haben!

Das Ohrenbügeln aktiviert etliche der vielen Akupunkturpunkte, die im Bereich der Ohren liegen. Dadurch werden Hören und Verstehen verbessert, die Aufmerksamkeit wird gesteigert und das Gedächtnis gestärkt.

Brille in der Nase?
Blumen über der Vase?

In ... an ... auf

Wasser in der Flasche,
Bücher in der Tasche,
Würstchen in der Dose,
Löcher in der Hose.

Finger an der Hand,
Bilder an der Wand,
Henkel an der Kanne,
Zapfen an der Tanne.

Pfanne auf dem Herd,
Reiter auf dem Pferd,
Deckel auf dem Topf,
Mütze auf dem Kopf.

Wolken über dem See,
Erde unter dem Schnee,
Katze hinter der Maus,
Bäume vor dem Haus.

Brille in der Nase?
Blumen über der Vase?
Fahrer hinter dem Bus?
Schluss!!!

Finden die Kinder noch mehr,
was oben, unten, neben, zwischen ... ist?
Können sie auch Unsinn-Sätze bilden?

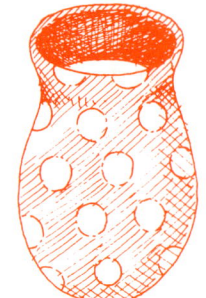

Das Hexen-Einmaleins

1 ✕ 1   Von Stacheln eines Stachelschweins
1 ✕ 2   kochen die Hexen einen Brei
1 ✕ 3   mit viel gehacktem Schlangenei.
1 ✕ 4   Dann fangen sie ein Spinnentier
1 ✕ 5   und stecken es in die Strümpf.
1 ✕ 6   Nun muss jede Hex
1 ✕ 7   fleißig hexen üben.
1 ✕ 8   Doch in der späten Nacht,
1 ✕ 9   da tanzen sie im Mondenschein.
1 ✕ 10 Geh hin, dann kannst du's sehn!

Vielleicht können sich die Kinder auch etwas „Hexisches" ausdenken, zum Beispiel was Hexen essen oder was sie anziehen oder womit sie spielen oder ....

Gegensätze

Die Berge sind hoch
und tief ist das Meer.
Die Federn sind leicht,
und Steine sind schwer.

Die Nacht ist dunkel,
das Feuer ist hell.
Hart sind die Nüsse,
und weich ist ein Fell.

Groß ist ein Tanker,
mein Schiffchen ist klein.
Dünn sind die Würmer
und dick ist ein Schwein.

Ein Streichholz ist kurz,
die Straßen sind lang.
Ich bin sehr oft mutig,
doch manchmal auch bang.

Ein Koffer ist eckig,
die Bälle sind rund.
Ich war kürzlich krank,
jetzt bin ich gesund.

So wird gespielt:
Das Vorlesen wird so verzögert, dass die
Kinder einige Gegensätze selbst nennen
können. Bei kleinen Kindern helfen Mi-
mik und Gestik bei der Wortfindung.
Dann überlegen die Kinder, was voll/ leer,
sauber/schmutzig, schnell/langsam ... ist.

Weitere spielerische Übungen machen
das neu Gelernte bewusst und vertiefen
es:

- große/kleine Schritte oder Sprünge
  machen
- mit den Augen nach oben/unten
  schauen
- den Mund öffnen/schließen
- laut/leise klatschen
- etwas berühren, das hart/weich,
  rauh/glatt, warm/kalt .... ist
- etwas Leichtes tragen, Schweres
  lieber stehen lassen

Hierbei sollen die Kinder genau das
Gegenteil von dem tun, was angesagt
wird:

- „Legt die Hände auf den Tisch."
- „Stellt euch vor den Stuhl."
- „Klatscht laut."
- „Ruft leise: ‚Buh!'"
- „Hüpft langsam."
- „Macht ein fröhliches Gesicht:"
  ...

Um vorschnelle Kinder zum Überlegen
anzuregen, wäre es gut, wenn alle erst
ein bestimmtes Zeichen, Klatscher oder
Klopfer, abwarten müssen, ehe sie
beginnen.

Das Buchstabenkonzert

Ein Kind wird ausgewählt, das Tamburin, Trommel oder Holzblock schlägt. Es sollte möglichst ein Kind sein, das einen gleichbleibenden Rhythmus durchhalten kann. Andernfalls spielt ein Erwachsener. Die übrigen Kinder sind die verschiedenen Instrumente, indem sie die verschiedenen Laute von sich geben.

Einige sind das f-Instrument (nicht ef), andere das m-Instrument (nicht em), das s- (nicht es), das k- (nicht ka), das p- (nicht pe), das t- (nicht te), das w- (nicht we) und das sch- (nicht s-c-h) Instrument.

Jedes spielt auf eine bestimmte Weise. Die Tabelle enthält einige Vorschläge, wobei die Größe der Schrift in etwa die Lautstärke angibt.

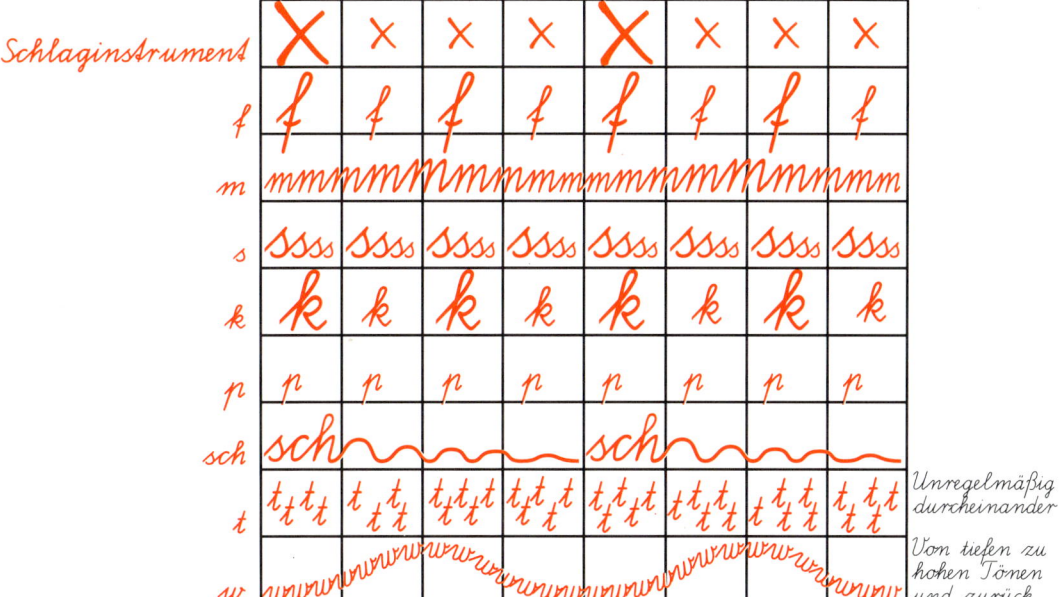

Ein weiteres Kind ist der Dirigent. Dieser gibt jedem Instrument den Einsatz und kann auch wieder abwinken. So spielen die Instrumente einzeln nacheinander oder zusammen. Zum Schluss sollten

aber alle Instrumente im Einsatz sein. Der Dirigent winkt ab, lässt ein kleine Pause und auf sein Zeichen hin sagen alle laut und hoch „Oooooo", das immer leiser und tiefer wird.

Wenn die Kinder mögen, können sie sich zu den einzelnen Buchstaben dann auch bestimmte Bewegungen ausdenken. Zum Beispiel:

f - Mit den Ellenbogen nach hinten schlagen
m - Über den Bauch streichen
s - Mit beiden Händen schwungvolle Linien in die Luft malen
k - Mit den Füßen stampfen
p - Mit dem Po wackeln
sch - Langsam in die Hocke gehen, aufstehen und wiederholen
t - Den ganzen Körper schütteln
w - Den ganzen Körper sacht hin und her wiegen

Der Kreativität der Kinder sollte genug Spielraum gegeben werden. Auf Absprache kann die Spielart verändert werden, einige Instrumente können wegbleiben, andere hinzugefügt werden. Es kommt auch nicht so sehr auf die Genauigkeit der Durchführung an, sondern auf die Freude der Kinder und auf den Lerneffekt. So prägen sich bei Leseanfängern die Buchstaben besser ein, und es wird eine gute Artikulation gefördert. Deshalb sollten die einzelnen Laute sehr deutlich ausgesprochen werden. K, p, und t müssen richtig knallen, das f unterscheidet sich vom w und die anderen Laute klingen weich und melodisch.

Im Lande Sumasiere

Im Lande Sumasiere
gibt's Tierchen und auch Tiere,
sehr selten und sehr interessant.
Uns sind sie alle unbekannt.

Gläumen auf den Bäumen,
Drüschen in den Büschen,
Schneichen in den Teichen,
Kniesen auf den Wiesen,
Sträben in den Gräben,
Zretten in den Betten,
Flänken in den Schränken.
Könnt ihr euch das denken?

Kuchen essen die Bluchen
und Würste die Knürste
und Bohnen die Strohnen
und Nudeln die Drudeln
und Äpfel die Schräpfel
und Trauben die Knauben.
Es ist nicht zu glauben!

Das gefrässige Mäuschen

Ein Mäuschen schnupperte und fand
eine Tafel. Darauf stand:...........................
Schade!
Für die Schokolade!

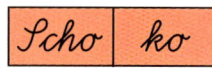

Zuerst knabberte es das letzte Stück weg.
Wie Speck!
Jetzt war da nur noch...............................
Aha!

Dann kam das nächste an die Reih.
Oh weih!
Da lag nur noch.......................................
Oho!

Das Mäuschen knabberte weiter,
ganz heiter.
Zum Schluss blieb nur ein Restchen..........
So! So!

Das hat es schließlich
auch noch gegessen.
Nun musste es schnaufen
und konnt' nicht mehr laufen.
Da kam die Katz!
Schmatz!

Auch andere Mäuse knabbern:
Mar-zi-pan-ku-geln,
Man-del-plätz-chen,
Ro-si-nen-ku-chen ...
Einige Mäuse fangen auch vorn an zu
knabbern ....

So wird gespielt:
Wie das Mäuschen, so zerknabbern auch
die Kinder die Wörter. Die Finger helfen
dabei, die vielen Silben zu zerlegen: Der
Daumen zeigt z. B. SCHO, der Zeigefinger KO, der Mittelfinger LA, der Ringfinger DE.

*Durch das Zerlegen der Silben werden lange
Wörter übersichtlicher und sind auch beim
Schreiben besser in den Griff zu bekommen.*

Frau Ganzverdreht kauft ein

„Heute brauche ich nur wenig einzukaufen", sagt Frau Ganzverdreht und fährt mit ihrem FEUEN NAHRRAD in die Stadt. Im HAUSKAUF geht es mit der TROLLREPPE nach oben.
Sie kauft für das ZADEBIMMER ein TADEBUCH und eine BAGELNÜRSTE.
„Ah", denkt sie, „ich brauche ja auch noch eine neue BAHNZÜRSTE und ein paar LASCHWAPPEN."
Mit der TROLLREPPE fährt sie weiter nach oben. Hier werden lauter Sachen für die Küche angeboten. Frau Ganzverdreht kauft einen TUPPENSOPF und eine KEETANNE.
Nun ist beinahe ihre VASCHE TOLL. Aber sie muss noch für das Essen einkaufen.
Für das STRÜHFÜCK braucht sie BEISSWROT und BROSINENRÖTCHEN .
„Soll ich LASAMI oder WEBERLURST nehmen?", überlegt Frau Ganzverdreht. „Nein, heute habe ich Appetit auf WINDERKURST."
Für das Mittagessen kauft sie KRAUERSAUT und LOKOSCHADENPUDDING.
„Den SAUBENTRAFT muss ich beim nächsten Mal mitnehmen", denkt sie. „Meine Tasche ist schon schwer genug. Eigentlich wollte ich doch nur ein BEINES KLISSCHEN einkaufen."

So wird gespielt:

Der Text wird vorgelesen, wobei nach jedem verdrehten Wort eine Pause gelassen wird, damit die Kinder Zeit haben, dem verdrehten Wort nachzuhorchen und das richtige zu finden.
Dann können sie versuchen sich zu erinnern, was Frau Ganzverdreht in ihrer Tasche hat. Wenn sie mögen, können die Kinder schließlich selbst Frau Ganzverdreht spielen und sich entsprechende Wörter und Sätze ausdenken.

Das Gespensterfest

Im Walde, hoch am Felsgestein,
liegt einsam das Schloss Schreckenstein.
Verlassen ist es, alt und leer.
Kein einz'ger Mensch traut sich hierher.

Gespenster stöhnen: „Uah! Uuh!"
Die ganze Nacht geben sie keine Ruh!

Doch heut ist ein Fest in dem Schloss-
gemäuer.
Im Hofe, da brennt schon ein Festtags-
feuer.
Gespenster kommen von weit und breit.
Sie schweben heran durch die
Dunkelheit.

Gespenster stöhnen: „Uah! Uuh!"
Die ganze Nacht geben sie keine Ruh!

Mit einer großen Dienerschar
Gespensterkönig Gruselbar
erscheint im Saal. Er ist uralt,
spukt tausend Jahre schon im Wald.

Gespenster stöhnen: „Uah! Uuh!"
Die ganze Nacht geben sie keine Ruh!

Und sechstausenddreihundertundneun
Gespenster,
sie huschen und gleiten durch Tore und
Fenster.
Beginnen fröhlich im Tanz sich zu drehn.
Die weißen Gewänder im Winde wehn!

Gespenster stöhnen: „Uah! Uuh!"
Die ganze Nacht geben sie keine Ruh!

Die Musikanten spielen schon
in grauslichem Gespensterton ....
mit Knochen, Ketten und Gestöhn.
Doch für Gespenster klingt das schön.

Gespenster stöhnen: „Uah! Uuh!"
Die ganze Nacht geben sie keine Ruh!

Sie kichern und poltern, schreien und
toben, die Wände hinauf, bis zur Decke
oben.
Doch dann, beim frühesten Hahnenschrei, ist plötzlich der fröhliche Spuk
vorbei.
Kikeriki!

So wird gespielt:
Während das Gedicht vorgelesen wird,
machen die Kinder Gespenstermusik: Sie
rasseln mit Ketten, reiben Topfdeckel
aneinander oder schlagen sie aufeinander, halten sich Butterbrotpapier vor den
Mund und stöhnen, reiben an aufgebla-
senen Luftballons, streichen mit einem
Radiergummi über einen nassen Spiegel,
blasen in leere Flaschen, streichen mit
einem Finger über den Rand eines Glases
...
Nach dem Hahnenschrei hören alle mit
einem Schlag plötzlich auf zu spielen.

Der lustige Fritze

Großer Kreis ...
zwei kleine drinnen ...
Nase ... Mund ...
die Zipfelmütze ...
und Ohren für den lustigen Fritze ...
Kurzer Hals ...
ein dicker Bauch ...
zwei Arme nun ...
und Hände auch ...
Beine ... Füße untendran ....
Fertig ist der Fritzemann!

So wird gespielt:

Zunächst machen die Kinder eine Vor-
übung, damit ihnen das Malen mit beiden Händen leichter fällt: Ohne Stifte
malen sie mit beiden Händen gleichzei-
tig in die Luft. Von der Mitte ausgehend,
beginnen sie mit weit ausholenden Be-
wegungen: Schlangenlinien, Kringel,
Kreise, Kästchen, Treppen ... Wenn sie
mögen, können sie dabei singen oder
Musik hören.
Dann nimmt sich jedes Kind ein Blatt
Papier und 2 Stifte. Es malt zuerst den
Fritze mit der Schreibhand, dann mit der
anderen Hand und zuletzt mit beiden
Händen gleichzeitig.
Welches Fritzebild ist am lustigsten?
Schließlich wird noch ein schöner bunter
Rahmen dazugemalt.
Auf die gleiche Weise entstehen nun
Bilder von Häusern. Dasjenige wird ein-
gerahmt, das als Erstes zusammenfallen
wird. Oder die Kinder malen ein Auto

und dasjenige erhält einen bunten Rahmen, das als Erstes auf den Schrottplatz
muss!

*Das beidhändige Malen fördert Körperbewußt-
sein, Orientierungssinn und das Zusammenspiel von Händen und Augen.*
*Die Kinder sollten übrigens darauf hingewiesen
werden, dass sie nicht absichtlich schief und
krumm malen. Dann ist der Spaß nur halb so
groß.*

Das Wochenauto

Herr Montag baut das Fahrerhaus.
Herr Dienstag polstert's mit Sitzen aus.
Herr Mittwoch setzt die Lampen ein.
Herr Donnerstag streicht es an, ganz fein.
Herr Freitag schraubt die Räder an.
Herr Samstag bringt den Schlüssel dann,
damit Herr Sonntag fahren kann.

Rästel

Die Leute gehn dort ein und aus.
Es hat viele Fenster.
Es ist ein .... (Haus)

Im Frühling hat er viel zu tun.
Er malt und malt und darf nicht ruhn.
Doch diese Arbeit macht ihm Spaß.
Vier Pfoten hat er, der ....
(Osterhas)

Ich bin oval und glatt.
Ich mach die Menschen satt.
Das Huhn macht für mich viel Geschrei.
Nun weißt du's sicher. Ich bin ein
.... (Ei).

Komm, mach mit und sei dabei!

Zu schade, um es wegzuwerfen

Küchenrollen

- Auf verschiedene Körperteile waage-recht und senkrecht legen und balan-cieren.
- Die Rolle so schnell wie möglich um den Bauch, den Kopf, die Beine, unter den Knien, einzeln oder zusammen, durch die gegrätschten Beine, unter dem Arm, über die Schulter .... herumreichen.
- Einem Partner die Rolle zuwerfen, eventuell 2 Rollen nehmen.
- Mit einem Partner Rücken an Rücken stehen und, wie oben angegeben, die Rolle herumreichen.
- Auf dem Boden knien und, so weit der gestreckte Rücken und die Arme rei-chen, mit der „Farbrolle" den Boden rundherum anstreichen.

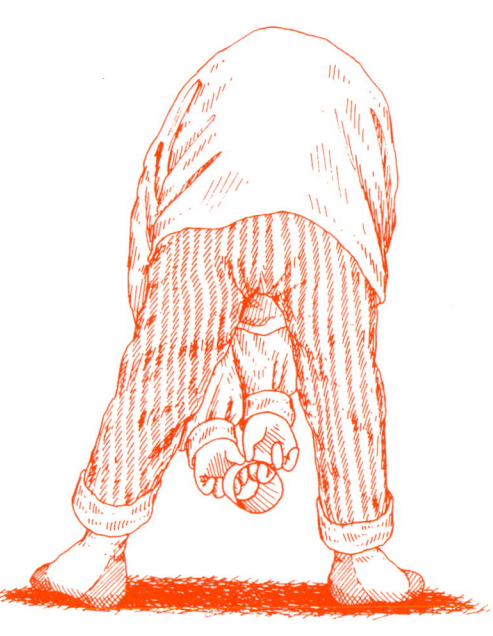

Jogurtbecher

- Auf verschiedenen Körperteilen balan-cieren und sich dabei bewegen.
- Allein oder zu zweit mit dem Becher wie mit einem Ball spielen.
- Mit der offenen oder geschlossenen Seite auf Tisch, Buch, Kopf .... klopfen und ein Ratespiel daraus machen.

Flaschen

- Kaffeelöffel in die Flaschenhälse stecken und damit Musik machen, eventuell andere „Küchen-Instrumente" dazunehmen.
- In die Flaschen oder über die Flaschenhälse blasen und Windorgel oder Geistermusik spielen.
- Verschiedene Flaschen unterschiedlich hoch mit Wasser füllen, mit einem Löffel anschlagen, nach Tonhöhe ordnen und musizieren.

Dosen

- Ein Dosentelefon bauen: 2 Konservendosen ohne Deckel an den oberen Rändern mit Tesaband verkleben (damit sich niemand verletzen kann), in den Boden der Dosen je ein Loch stechen (Öffner für Milchdosen), eine 3-4 m lange Schnur durch die Löcher ziehen und in den Dosen verknoten. Die beiden Kinder, die telefonieren wollen, ziehen die Schnur zwischen sich stramm. Eines spricht leise in seine Dose, das andere hält das Ohr an seine Dose und lauscht.

Wir bauen einen dicken Turm

Wir bauen einen dicken Turm
und setzen Stein auf Stein
auf Stein auf Stein.
Doch geht das viel zu langsam,
wir müssen schneller sein!
Immer schneller, immer schneller,
immer schneller .....

So wird gespielt:

2 oder mehr Spieler sitzen um einen Tisch herum. Zu den ersten beiden Zeilen legt der erste Spieler eine flache Hand auf die Tischplatte, der zweite seine darauf, dann folgen der Reihe nach die übrigen Mitspieler. Nun legt der erste Spieler seine zweite Hand auf den Turm. So machen es auch alle anderen.
Befinden sich alle Hände auf dem Tisch, geht es im Text weiter: „Doch geht das viel zu langsam ...." Dabei zieht der erste Spieler seine Hand unter dem Turm weg und legt sie oben wieder auf. Es folgen die anderen Mitspieler, und zwar so, dass immer die Hand weggezogen wird, die ganz unten liegt. Zum Schluss geht es allerdings so schnell, dass alle Hände durcheinander geraten.

Der Fischer

In dem großen weiten Meer
schwimmen viele Fische umher.
Ich möcht einen fangen,
noch wart ich mit Ruh.
Aber jetzt ... pack ich zu!

So wird gespielt:

Mehrere Mitspieler legen ihre Hände flach auf den Tisch und lassen sie wie Fische darauf herumschwimmen. Ein Kind wird zum Fischer bestimmt. Dieser bewegt eine Hand langsam über den Fischen hin und her und spricht langsam den Vers. Bei dem letzten Wort: „..... zu!" ziehen die Mitspieler ihre Hände weg. Der Fischer versucht gleichzeitig, einen Fisch zu erwischen, indem er eine Hand anschlägt. Ist ihm das gelungen, scheidet dieser „Fisch" aus. So geht es weiter, bis nur noch eine Hand auf dem Tisch liegt. Nun darf diese Hand fischen.

Die verrückten Bälle

Material:

Halbkugeln gleicher Größe aus Holz und
Styropor, Klebstoff und Farbe.

Je eine Halbkugel aus Holz wird mit einer
aus Styropor zusammengeklebt und bunt
angemalt.
Dann wird ein Gegenstand (Dose, Stein,
Spielzeug ....) auf den Boden gelegt und
in einigen Metern Entfernung eine Linie
gezogen. Von dieser Linie aus versuchen
die Spieler, die verrückten Bälle möglichst
nah an den Gegenstand heranzuwerfen.

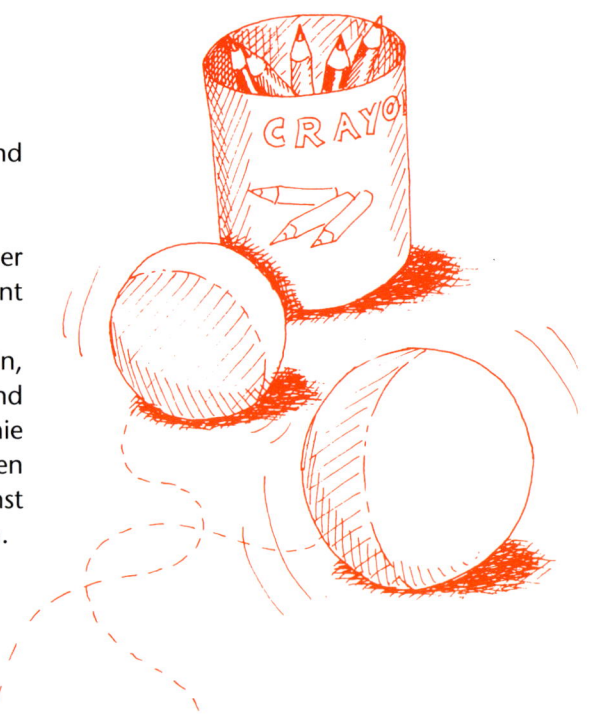

Der doppelte Luftballon

Material:

2 Luftballons, etwas Wasser

Die beiden Luftballons werden ineinander
gesteckt, wobei der Verschluss des inneren Ballons aus dem des äußeren noch
herausgucken soll. In den inneren Ballon
wird etwas Wasser gefüllt. Dann verknotet
man das Ende fest und lässt es in den
äußeren Ballon hineingleiten. Dieser wird
nun aufgeblasen und ebenfalls zugekno-
tet.
Das ergibt einen tollen Spielball!!!!!

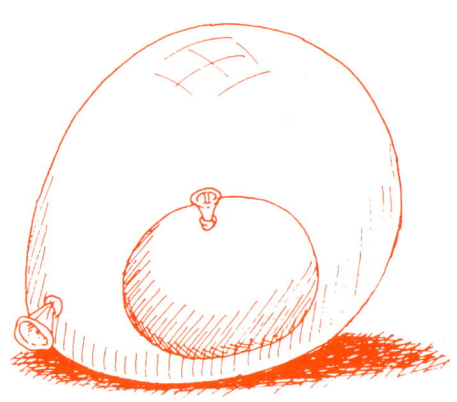

Ich suche ein Häschen und finde ... ein Näschen

Finger-, Fuß- und Zehenspiele

Kleine Kinder lieben diese Art Spiele. Zuwendung zu spüren, zärtlich berührt zu werden und dabei lustige Reime zu hören macht sie froh und glücklich. Außerdem haben solcherlei Spiele noch einen gesundheitlichen Wert.
Dadurch, dass man
- *Finger und Zehen des Kindes leicht aus dem Grundgelenk bewegt*
- *sie massiert und sanft knetet*
- *über ihre Ober- und Unterseite streicht*
- *mit der Daumenkuppe kräftig auf verschiedene Stellen der Fußsohle drückt*

trifft man viele Akupunkturpunkte.
Deren Anregung hat eine positive Auswirkung auf den gesamten Körper.

Ich suche

Ich suche ein Hündchen
und finde .... ein Mündchen.
Ich suche ein Törchen
und finde .... ein Öhrchen.
Ich suche ein Häschen
und finde .... ein Näschen.
Ich suche ein Säckchen
und finde .... ein Bäckchen.
Ich suche ein Schweinchen
und finde .... ein Beinchen.
Ich suche ein Bärchen
und finde .... nur Härchen.
Ich suche einen Bauch
und finde ihn auch!

Dies ist Baddel

Dies ist Baddel - das ist Daddel.
Dies ist Beddel - das ist Deddel.
Dies ist Biddel - das ist Diddel.
Dies ist Boddel - das ist Doddel.
Dies ist Buddel - das ist Duddel.
Machen gerne Kuddelmuddel!

So wird gespielt:

Es werden nacheinander alle Finger berührt: erst der Daumen der linken und der Daumen der rechten Hand, dann der Zeigefinger der linken und der Zeigefinger der rechten Hand und so weiter.
Bei „Kuddelmuddel" nimmt man beide Kinderhände und reibt sie locker gegeneinander, sodass die Finger durcheinander geraten.

Dieses Würstchen

Dieses Würstchen - ist sehr klein.
Dieses Würstchen - ist sehr fein.
Dieses mittendrin - ist mir noch zu dünn.
Dieses - ist mir viel zu schade.
Doch dieses ist schön rund und dick.
Drum beiße ich hinein .... im .... nächsten
.... Augenblick!

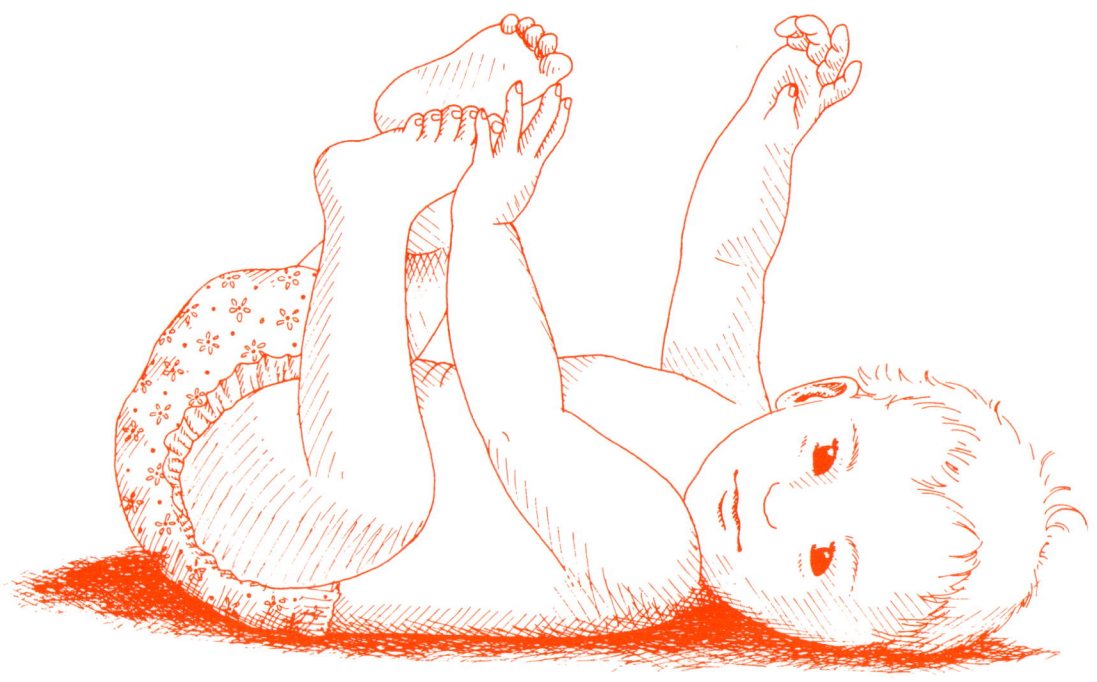

Mein Häuschen

Mein Häuschen ist nicht einfach flach!
Es hat ein hohes, steiles Dach.
Das Fenster oben in der Spitze
sieht aus wie eine Zipfelmütze.
Darunter ist die Tür, ganz breit,
steht offen für alle, jederzeit.
Und hinten auf dem Dache, seht,
ein Schornstein auf den Ziegeln steht.
Doch bläst einmal der Wind mit Macht:
H   u   h   u   h   u   h   u   !
Mein Häuschen schnell zusammen-
kracht.

So wird gespielt:
Die Hände werden gegeneinander ge-
halten. Die Fingerkuppen bilden eine
Spitze und damit das steile Dach. Das
Fenster entsteht durch die zusammenge-
legten Daumen. Der Schornstein ist ein
aufgerichteter kleiner Finger.

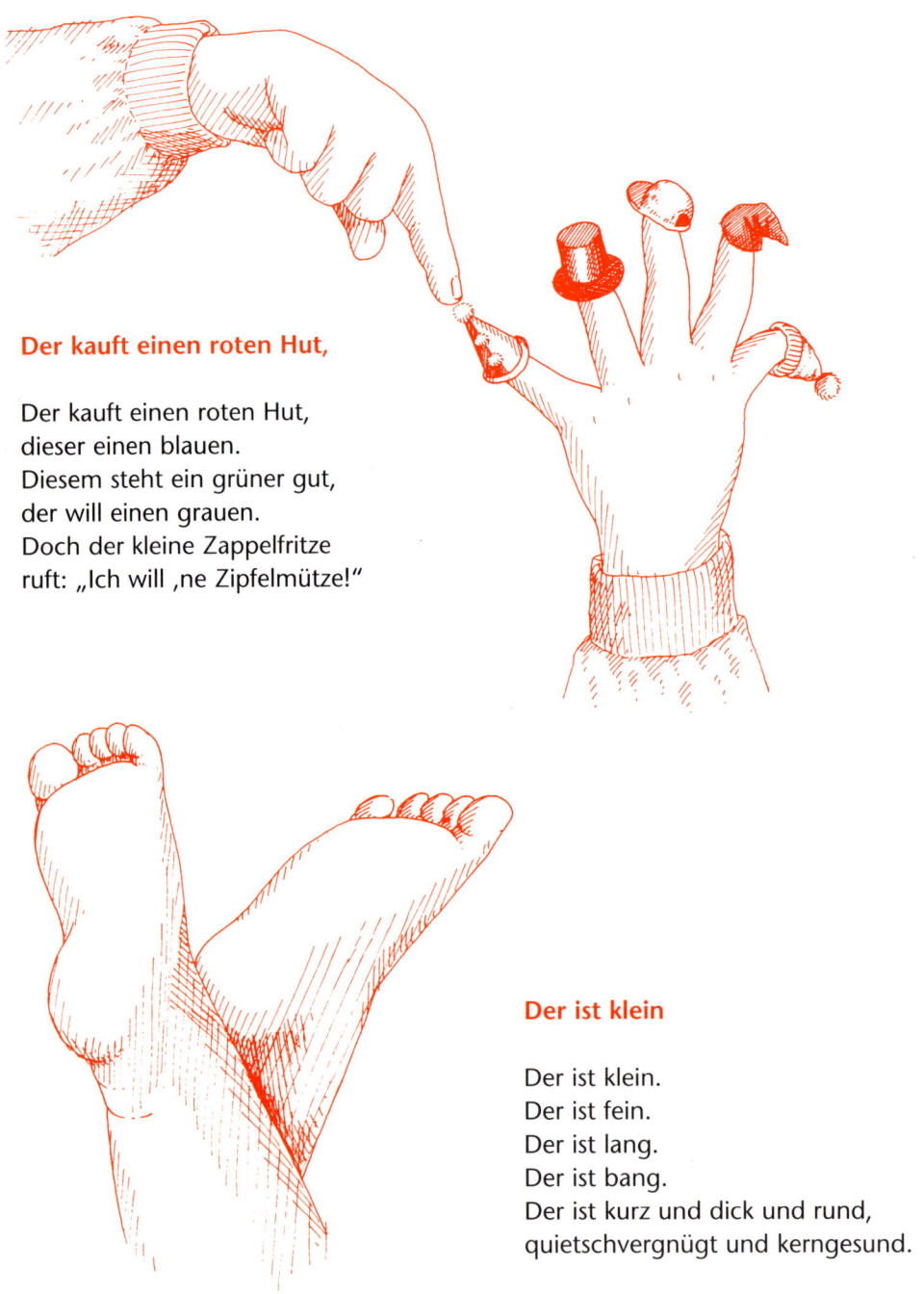

Der kauft einen roten Hut,

Der kauft einen roten Hut,
dieser einen blauen.
Diesem steht ein grüner gut,
der will einen grauen.
Doch der kleine Zappelfritze
ruft: „Ich will ‚ne Zipfelmütze!"

Der ist klein

Der ist klein.
Der ist fein.
Der ist lang.
Der ist bang.
Der ist kurz und dick und rund,
quietschvergnügt und kerngesund.

Angelina

Angelina Angeleinchen
springt auf ihrem kurzen Beinchen
über viele kleine Steinchen.
Immer ein Stück,
vor und zurück.
Dann fällt sie, oh Schreck!
Und läuft eilig weg!

So wird gespielt:

Eine Hand umfasst den Knöchel des nackten Kinderfußes. Die Daumenkuppe der anderen Hand springt mit kräftigem Druck auf der Fußsohle hin und her. Bei „Dann fällt sie ...." setzen sich alle Fingerspitzen auf den Hohlfuß und kitzeln.

Das Hasenspiel

Abends sind die Hasen müde,
hoppeln heim ins Hasenhaus.
Doch am Morgen sind sie munter,
purzeln dann kopfüber, -unter,
rennen weit aufs Feld hinaus.
Und ruhn wieder aus,
bei der Maus hinterm Haus.

So wird gespielt:

Die Füße oder Hände des Kindes werden in die eigene Hand genommen. Die ersten beiden Zeilen, spricht man leise und sehr langsam und bewegt dabei Hände und Füße genauso langsam auf und ab. Dann wird die Stimme lauter und die Bewegungen werden schneller. Bei den letzten beiden Zeilen ist die Stimme wieder ruhig und die Füße oder Hände des Kindes werden sehr sanft hingelegt.

82

Der Schnattel

Der Schnattel
der Schnettel
der Schnittel
der Schnottel
der Schnutt

der Krattel
der Krettel
der Krittel
der Krottel
der Krutt

Jeder wohnt in einem Haus
an der gleichen Straße.
Auch hier wohnt jeder in einem Haus
an der gleichen Straße.
Zwischen jedem Haus
ist ein schöner Garten.
Hier .... und .... hier .... und .... hier ....
Die Straßen liegen an einem Platz,
gehören alle meinem Schatz!

So wird gespielt:

Das Kind liegt oder sitzt so, dass man gut an seine nackten Füßchen heranreicht. Bei den beiden Fünfzeilern nimmt man zuerst eine Großzehe zwischen Daumen und Zeigefinger und massiert leicht vom Grundgelenk zur Zehenkuppe. Mit den anderen Zehen wird genauso verfahren.

Ab „Jeder wohnt" fährt der Daumen bei beiden Füßen durch die Rille zwischen Zehen und Fußsohle.

Ab „Zwischen jedem Haus" werden die „Schwimmhäute" sehr, sehr sanft ausgestrichen.

Bei „Die Straßen liegen" fährt der Daumen noch einmal durch die Rille, bei „an einem Platz" gleitet die Hand über die Fußsohlen, und zuletzt gibt es einen leichten Klatscher darauf.

Das Kind wird dieses Zehenspiel sehr genießen!

Badewannengedicht

Fährt ein Schiffchen durch das Meer,
hin und her, hin und her.
Heijoh! Heijoh! Und die Wellen klatschen
und spritzen!

Unser Schiff fährt viel zu tief,
hin und her ....

Mit tiefer Stimme sprechen

Unser Schiff fährt viel zu hoch,
hin und her ....

Mit hoher Stimme sprechen

Unser Schiff fährt viel zu lahm,
hin und her ....

Ganz langsam sprechen und bewegen

Unser Schiff fährt viel zu schnell,
hin und her ....

Ganz schnell sprechen und bewegen

So wird gespielt:

Das Kind wird, auf der Hand von Vater oder Mutter liegend, mit langen Bewegungen durch das Wasser geführt und das Badewannengedicht in der oben angegebenen Weise gesprochen.

Auf spielerische Art erfolgt eine Gewöhnung an Bewegungen im Wasser. Das Kind fühlt sich dabei in der Hand geborgen und kann Vertrauen entwickeln.

Der Elefant auf dem Rücken

Den Elefanten dürstet sehr.
Wenn er nur wüsst, wo Wasser wär!

Er läuft hinauf und läuft hinab.
Erst geht es langsam, dann im Trab.

Der Boden ist so glatt und kahl,
drum rutscht er aus, so manches Mal.

Das Liegen nutzt er zum Verschnauf
und rappelt sich dann wieder auf.

Der Rüssel von dem schweren Tier
sucht nach Wasser. Ist es hier?

Vielleicht in diesem Felsenspalt?
Oder in dem dichten Wald?

Kein Wasser, weder hier noch dort.
Der Elefant stapft wieder fort.

Er schlackert mit den großen Ohren,
muss selber einen Brunnen bohren.

So wird gespielt:
Eine Hand des Erwachsenen ist der
Elefant, ein Zeigefinger ist der Rüssel, der
nach Wasser sucht. Er berührt den Rük-
ken des Kindes an verschiedenen Stellen,
in der Achselhöhle (Felsenspalt) und im
Haar (Wald). Der Brunnen wird am
besten in die Seite gebohrt, weil dort die
meisten Kinder am kitzeligsten sind.

Das Luftballon-Spiel

Das ist der Dralli.
Das ist der Balli.
Sie haben Augen, Nas und Mund.
Ihr dicker Kopf ist kugelrund.

Dralli will stehen.
Balli will gehen.
Doch dann dreht er plötzlich um.
Er läuft zurück. Da macht es: Bumm!

Dralli gefällt es.
Balli gefällt es.
Die Köpfe schlagen, ach herrjeh!
Doch es tut ja keinem weh.

Dralli gibt Küsschen.
Balli gibt Küsschen.
Ein wenig schmusen .... Das Spiel ist aus.
Dralli und Balli gehen nach Haus.

Kniereiter

Der große Drachen

Der große Drachen steigt hoch
und höher.
Doch oben bleibt er nicht lange stehn.
Der Wind lässt nach,
er muss abwärts gehn.
Das Schwänzchen wackelt hin und her.
Er dreht einen Kreis ....
und noch einen mehr ....
Dann wird er ganz schlapp
und er fällt hinab!

So wird gespielt:

Bei diesem Kniereiter schlägt der
Erwachsene die Beine übereinander.
Das Kind sitzt auf dem oberen Fuß.

Auf diesem Berg

Auf diesem Berg
sitzt ein Zwerg.
Geht auf und nieder
immer wieder.
Er hibbelt und wibbelt,
er zippelt und dippelt.
Drum ist es wohl das Beste,
ich halte ihn ganz feste!

Heilesprüche

Dein Beinchen tut dir weh

Dein Beinchen tut dir weh?
Dann hol ich aus dem Silbersee
gutes Wasser, frisch und rein,
sprenkel das Beinchen damit ein.
Bald wird es schon besser sein.

Ich nehme aus der Luft

Ich nehme aus der Luft
eine Hand voll Blumenduft.
Streu ein wenig Licht hinein,
blase es sanft auf dein Köpfchen.
Bald wird alles besser sein.

Vogelzwitschern

Vogelzwitschern, Mückentanz,
blauer Himmel, Sonnenglanz,
weicher Wind vom Wiesengrund
machen mein Kindchen schnell gesund.

*Wenn einem Kind etwas weh tut, braucht es
jemanden, der seinen Schmerz sieht, der Anteil
nimmt, tröstet und auf das Wieder-gesund-wer-
den hinweist. In den Heilesprüchen spürt ein
kleines Kind diese Zuwendung, auch wenn es
noch nicht immer alle Worte versteht.*

Es war an einem schönen Sommertag ...

Die kranke Ente

Der Tag ist so schön und im Sonnenschein
will heute kein Tierchen stille sein.
So zirpt auch die Grille, laut und hell.
Man hört es am Teiche, an jeder Stell'.

Ein Fischlein schwimmt heran
und spricht sie leise an:
„Die Ente ist krank, der Kopf schmerzt sie sehr.
Sei bitte ruhig und zirpe nicht mehr."

Im Wasser, auf einem Seerosenblatt,
da hockt der Frosch, zufrieden und satt.
Er quakt und quakt schon stundenlang,
den allerschönsten Froschgesang.

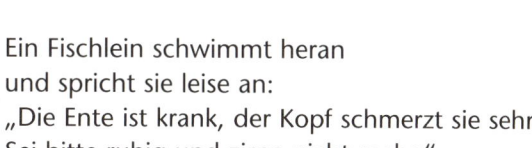

Ein Fischlein schwimmt heran
und spricht ihn leise an:
„Die Ente ist krank, der Kopf schmerzt sie sehr.
Sei bitte ruhig und quake nicht mehr."

Die dicke Hummel kann noch nicht ruhn.
Sie hat am Ufer soviel zu tun,
besucht die Blumen, wird nicht müd'
und summt und brummt ihr Hummellied.

Ein Fischlein schwimmt heran
und spricht sie leise an:
„Die Ente ist krank, der Kopf schmerzt sie sehr.
Sei bitte ruhig und summe nicht mehr."

Die Tiere schweigen. Alle sind stumm.
So gehen viele Stunden herum.
Doch dann lässt sich die Ente sehn,
es scheint ihr wieder gut zu gehn.

Sie schwimmt ganz nah heran
und spricht die Tiere an:
„Ich bin nun gesund. Der Kopf schmerzt nicht mehr.
Ihr habt mir geholfen. Ich danke euch sehr."

Und wieder singt der fröhliche Chor,
viel schöner noch klingt es als zuvor.
Es zirpt und quakt in Gras und Ried.
Erst in der Nacht verstummt das Lied.

Drei Krachmacher

Drei Krachmacher wohnen hier in dem Haus.
Sie laufen herein und laufen hinaus.
Sie poltern und toben. Es ist nicht mehr schön.
Sie rennen und können nicht langsam gehn.

Sie schlagen die Türen, machen viel Krach.
Das ganze Haus zittert, bis unters Dach.
Doch manchmal, da werden sie mucksmäuschenstill,
wenn Vater Geschichten vorlesen will.

Sie kuscheln sich an und rühren sich kaum
und lauschen den Worten fast wie im Traum.
Da sieht man's. Sie müssen nicht immer schrein.
Denn Krachmacher können auch leise sein.

Der Regentropfen Patsch

Viele Regentropfen toben
in dem Wolkenhaus dort oben.
Sie tanzen und singen,
sie freu'n sich aufs Springen.

Patsch nur sitzt in einer Ecke,
regt und rührt sich nicht vom Flecke.
Er mag auch nicht singen,
ist bange vorm Springen.

Um den Kummer zu vergessen,
fängt Patsch kräftig an zu essen.
Viel Nebel im Magen,
das kann er vertragen.

Seine Schüsseln werden leerer,
und der Patsch wird immer schwerer.
Nun muss er schon schwitzen
und kann nicht mehr sitzen.

Als Erster von allen
beginnt er zu fallen.
Dann macht es „Platsch!"
und Patsch liegt im Matsch.

Der Morgenwind

Der Morgenwind singt sein leises Lied,
wenn er über die Wiesen zieht.
Die Gräser und Blumen, sie hören ihm zu
und kommen ganz langsam aus tiefer Ruh.

Der Morgenwind singt sein leises Lied,
wenn er über die Felder zieht.
Er streichelt die Halme und wiegt sie im Hauch,
und alle Tiere erwachen nun auch.

Der Morgenwind singt sein leises Lied,
wenn er über die Wälder zieht.
Er weht durch die Bäume, sie rühren sich bald,
und Vogelzwitschern klingt durch den Wald.

Der Morgenwind singt sein leises Lied,
wenn er über das Wasser zieht.
Er kräuselt die Wellen und kitzelt sie wach.
Sie hüpfen munter im klaren Bach.

Der Morgenwind singt sein leises Lied,
wenn er über die Häuser zieht.
Er klopft an die Fenster,
begrüßt jedes Kind:
„Steht alle auf, denn der Tag beginnt!"

Der verlorene Ton

An einem warmen Sommertag stand ein Musiker am offenen Fenster. Die Luft war mild, der Himmel blau und ein sanfter Wind strich durch die Bäume im Garten. Der Musiker nahm seine Geige und spielte ein wunderschönes Lied. Gerade war es ihm in den Sinn gekommen. Noch nie zuvor hatte er es gespielt. Es war heiter und zart, und vor allem der letzte Ton war so leicht, dass er in der Luft zu schweben schien.

Der Geiger spielte die Melodie wieder und wieder und sie klang mit jedem Mal schöner.

Doch dann merkte er, dass der letzte Ton nicht mehr erklang. Er konnte anstellen, was er wollte, der letzte Ton blieb aus. „Ich werde es nachher noch einmal versuchen", sagte er zu sich und legte die Geige zur Seite.

Doch wo war der kleine Ton geblieben? Als der Geiger das Lied immer schöner gespielt hatte, war der kleine Ton noch zarter und leichter geworden. Schließlich konnte er sich nicht mehr länger in der Melodie halten und schwebte aus dem Fenster hinaus. Der Sommerwind nahm ihn mit, trug ihn in die Höhe und wiegte ihn sanft.

Eine Weile gefiel es dem kleinen Ton unter dem blauen Himmel. Er fühlte sich beinahe wie zu Hause. Die Luft war voller Musik. Die Bienen summten, die Vögel sangen und auch der Wind hatte seine eigene Melodie. Nur war die Welt so groß und weit! Der kleine Ton kam sich ganz verloren darin vor. Er wäre gern wieder heimgekehrt. Aber er wusste den Weg nicht mehr.

Da flog ein Federchen an ihm vorbei. Es war einem Vogel ausgefallen und taumelte nun langsam zur Erde nieder. Der kleine Ton setzte sich auf den weichen Flaum und ließ sich mit ihm hinabgleiten.

Plötzlich horchte er auf. Aus einem geöffneten Fenster klang ihm Musik entgegen. Ton reihte sich an Ton zu einer wunderschönen Melodie. Da wusste er, dass er nach Hause zurückgefunden hatte. Er schwebte auf das Lied zu und setzte sich genau im richtigen Augenblick an die richtige Stelle.

Der Geiger lächelte glücklich, als er den letzten zarten Ton wieder hörte.

94

Hexenkinder-Schlafgedicht

Liegst in deiner Hexenwiege,
zugedeckt mit Federflaum.
Aus den Wolken, durch den Schornstein,
fällt schon bald ein schöner Traum.

Bären schlafen in den Höhlen,
Rehe ruhn im Moose aus.
Nur die Fledermäuse flattern
leise um das Hexenhaus.

Elfen tanzen auf der Wiese,
Grille macht Musik dazu.
Alle Menschenkinder schlafen.
Nun, mein Kindchen, schlaf auch du.

Die Sonne ist müde

Die Sonne sagt: „Ich geh nun schlafen.
Die Schiffe liegen schon im Hafen.
Ich höre keinen Vogel singen
und sehe keine Rehe springen.
Kein Häschen will mehr munter sein
und auch der Wind schläft langsam ein.
Ganz müde sind die kleinen Bienen
und ich hab lang genug geschienen."
Sie legt sich in ihr Wolkenhaus
und ruht dort bis zum Morgen aus.

Nähere Erläuterungen zu den einzelnen Themenbereichen siehe „Zu diesem Buch", Seite 6.

Ballinger, Erich
Lerngymnastik
Neuer Breitschopf-Verlag

Lerngymnastik für Kinder
Verlag Knauer

Brett, Doris
Anna zähmt die Monster
Verlag Iskopress

Ein Zauberring für Anna
Verlag Iskopress

Brüggenbors, Gela
Körperspiele für die Seele
rororo-Verlag

Buchner, Christina
Neues Lesen- Neues Lernen
VAK Freiburg

Stillsein ist lernbar
VAK Freiburg

Day, Jennifer
**Schließe deine Augen und
stell dir einmal vor**
Kösel-Verlag

Dennison, Paul und Gail
**Das Handbuch der
Edu- Kinestetik für Eltern,
Lehrer und Kinder jeden Alters**
VAK Freiburg

Heitkämper, Peter
Mehr Lust auf Schule
Jungfermannsche
Verlagsbuchhandlung Paderborn

Liebrich, Karl und Schubert, Helga
**Auf den Schwingen der
Bewegung und Phantasie**
Auer-Verlag, Donauwörth

Müller, Else
**Träumen auf der
Mondschaukel**
Kösel-Verlag

Obeck, Victor
Isometrik
Knauer-Verlag

Spitzer-Nunner, Eva
Kinder-Augen-Training
Rowohlt-Verlag

Vopel, Klaus
**Ausflüge im Lotus-Sitz
Reise mit dem Atem
Bewegung im Schneckentempo**
Verlag Ikopress

Wanderer, Barbara
Heile heile Segen
Kösel-Verlag

Kinder spielend fördern

Der kleine Yogi
ab 3

Kinder haben durch Yoga die Möglichkeit, sich immer wieder neu zu entdecken und daran zu wachsen. Die Übungen wirken harmonisierend, fördern das Selbstbewußtsein und steigern die Konzentrationsfähigkeit und stabilisieren die Gesundheit.
Buch, 96 S., Hardcover, 2-fbg. illustriert, 17,4 x 22 cm

Dschungelfest und Ritterparty ab 4

Mit 5 tollen, fix und fertigen Spielgeschichten und über 90 Aktionen gelingt garantiert jedes Kinderfest. Inhalt: Basteleien, Rezepte, Tanz- und Geschicklichkeitsspiele, Abenteueraktionen und Phantasiereisen zum Ruhigwerden.
Buch, 128 S., Hardcover, fbg. illustriert, 17,4 x 22 cm

Ein Himmel voller Luftballons ab 4

Kinder brauchen abwechslungsreiche Spiele, die alle Sinne ansprechen. 100 tolle Spielideen nehmen kleine und große Leute mit auf eine Reise durch faszinierende Ballonwelten.
Buch, 108 S., Hardcover, fbg. illustriert, 17,4 x 22 cm

Viele kleine Streichelhände ab 3

Kinder massieren Kinder. Massagen und Entspannungsübungen mit neuen Liedern von Detlev Jöcker. Durch die kindgemäßen Übungen in diesem Buch werden Körperwahrnehmung und -bewußtsein auf spielerische Art und Weise gestärkt.
Buch, 96 S., Hardcover, 2-fbg. illustriert, 17,4 x 22 cm

Die fröhliche Hüpfkiste
ab 2

ist gefüllt mit Bewegungs-, Sing- und Spielideen, die mit einfachen und preiswerten Hilfsmitteln umgesetzt werden können.
Buch, 104 S., Hardcover, 2-fbg. illustriert, 17,4 x 22 cm

Das Krabbelmäuse Liederbuch
100 quicklebendige Spiellieder für die Kleinen

Diese Liedersammlung bietet neben zahlreichen Krabbelhits von Detlev Jöcker auch viele andere der bewährten Spiel- und Bewegungslieder für die Kleinen.
Buch, 110 S., Paperback, 2-fbg. illustriert, 17,4 x 22 cm
MC/CD (Zum Kennenlernen der Lieder werden die 1. Strophe und der Refrain sämtlicher Titel angesungen)